Ein Buch schreiben und Passives Einkommen mit eigenen eBooks

Wie du dir ein solides, passives Einkommen mit selbst oder von anderen geschriebenen eBooks aufbaust

Autor: Michael Jäckel
3. Auflage 2022
ISBN: 9781089444558

Dieses Buch ist urheberrechtlich geschützt.
Alle Rechte liegen beim Autor.

Michael Jäckel
Naumburger Str. 10
31177 Harsum OT Asel

Jegliche Vervielfältigung, auch auszugsweise, durch Kopieren, Übersetzen, Speichern in Datenbänke oder elektronische Systeme sowie auf Mikrofilmen usw. ist ausdrücklich untersagt.
Zuwiderhandlung wird zivil- und strafrechtlich verfolgt.
Sie erhalten ausdrücklich kein Wiederverkaufs-recht an diesem Buch.

Haftungsausschluss:
Die Inhalte dieser Publikation wurden sorgfältig recherchiert. Fehler sind jedoch nicht ganz auszuschließen.
Autor und Verlag übernehmen keinerlei juristische Verantwortung oder Haftung für Schäden, die durch eventuell verbliebene Fehler entstehen.
Warenzeichen werden ohne Gewährleistung der freien Verwendbarkeit benutzt und sind möglicherweise eingetragene Warenzeichen.

Dieser Sammelband bestehend aus den beiden Büchern „Passives Einkommen mit eigenen eBooks" und „Ein Buch schreiben" ist all denen gewidmet, die Freude am Schreiben haben, sich aber nicht trauen, ein eigenes Buch zu veröffentlichen. Glaube mir, es ist einfacher, als du denkst.

Ich werde oft gefragt, ob ich zur Unterstützung nicht einen Onlinekurs anbieten kann.

Ich kann! Ich habe einen Online Kurs gefunden, den du für nur 3,00 Euro ausgiebig testen kannst.

Diesen Kurs findest Du hier:

https://bit.ly/KDP-Kurs

3,00 Euro, die sich wirklich lohnen!

Inhalt

Ein Buch schreiben und Passives Einkommen mit eigenen eBooks 1
Ein Buch schreiben 1
   Warum dieser Sammelband? 3
   Einleitung 5
   Was genau ist denn ein eBook 14
   Jeder kann ein erfolgreiches Buch schreiben 17
   Schreiben ist einfacher, als du jetzt noch denkst 19
   Ein Thema finden, das sich verkauft 21
      Diese Themen verkaufen sich am besten 23
      Suche dir immer eine Nische 24
      Zuerst das Problem, dann die Lösung 25
      Diese Themen könnten interessant für dich sein 30
      So findest du weitere Themen 34
   Das Wichtigste ist deine Zielgruppe 36
      Zielgruppenanalyse 37
   So findest du die richtigen Themen für deine Zielgruppe 41
   Diese Fehler solltest du unbedingt vermeiden .. 43
      Schreibe keine Bücher, die sich nicht verkaufen lassen 43
      Recherchiere sorgfältig und ausreichend 44
      Übe Disziplin beim Schreiben 44
      Kümmere dich ausgiebig um das Marketing .. 45
   Die Recherche 48
      Die Top 100 Liste bei Amazon.de 48

- Amazon „Blick ins Buch" 49
- Blogs zu deinem Thema 51
- Foren zu deinem Thema 51
- YouTube Videos 52
- Zeitungsstände 53

Jetzt geht es ans Schreiben 55
- Zuerst einmal brauchst du einen Plan 55
- So baut sich dein Inhaltsverzeichnis auf 57
- Die Einleitung 60
- Das Schlusswort 61

Schreib dir einen Leitfaden 64

10 wichtige Regeln für einen guten Schreibstil 68
- Schreibe so, wie dir der Schnabel gewachsen ist 68
- Schreibe möglichst kurze Sätze 68
- Benutze einfach, verständliche, kurze Wörter 69
- Schreibe in der Sprache deines Lesers 70
- Schreibe für deine Zielgruppe 71
- Schreibe so schnell wie möglich 71
- Mache viele kleine Absätze 73
- Benutze „visuelle" Wörter 73
- Streiche, was doppelt oder überflüssig ist 74
- Baue beim Schreiben eine Freundschaft auf .. 75

Motivation ist alles 77
- Ohne Disziplin geht es nicht 81

Dein Buch überarbeiten 83
- Achte auf die logische Reihenfolge 83
- Streiche Unnötiges 84
- Rechtschreibung und Satzbau 84

Inhaltsverzeichnis einfügen 88

Dein Buch-Marketing 92
   Ein Cover, das ein echter Hingucker ist 93
   Kaufe unbedingt ein professionelles Bild 97
   Ein Titel, der neugierig macht 102
   Wandele erfolgreiche Titel ab 102
   Such die wichtigsten Keywords (Suchworte) zu deinem Thema 103
Die perfekte Buchbeschreibung 108
   So sieht die perfekte Buchbeschreibung aus 108
   Buchbeschreibung optimieren 113
   Der Blick ins Buch 114
   Darum ist der „Blick ins Buch" so wichtig .. 115
   Dein Klappentext beim Taschenbuch 115
Rezensionen 119
   Wie umgehen mit unbegründeten, schlechten Bewertungen? 120
Unterschiedliche Formatierung von eBook und Taschenbuch 122
   So formatierst du ein eBook 123
So erstellst du dein Taschenbuch 129
   Das Taschenbuch formatieren 133
   Bilder anpassen 138
   Seitenzahlen setzen 138
   Deine ISBN-Nummer 139
Rechtliche Hinweise 141
   Urheberrecht 142
   Impressum mit Kontakt 143
   Haftung für Links 144
   Haftungsausschluss 145
   Disclaimer 146

Pflichtabgabe an die Deutsche Nationalbibliothek 148
Abgabe an die Landesbibliotheken 150
Zu guter Letzt... 151
Wie war die Reise ins Land der Buch Autoren? 156
Passives Einkommen mit Kindle eBooks schreiben 159
Vorwort.. 163
Finanzielle Freiheit....................................... 170
Aktives und passives Einkommen 172
Finanzielle Freiheit mit aktivem Einkommen? 172
Finanzielle Freiheit mit passivem Einkommen 174
Warum sich eBooks so gut als passive Einkommensquelle eignen 176
Was ist eigentlich ein eBook 180
Ohne sorgfältige Recherche solltest du nicht beginnen... 183
Amazon hilft dir, Nischen zu finden 184
Das bedeutet der Amazon Bestseller Rang (ABSR) 190
Kann ich mit meinem Thema Geld verdienen? 192
Keyword-Suche und Mitbewerber-Vergleich 196
So solltest du dein Buch schreiben 199
Deine Zielgruppe finden 201
Was ist dein USP? 205
Jetzt geht es an das Schreiben 207
Wichtige Tipps zum Schreiben 208
Inhaltsverzeichnis einfügen........................ 216

Haftungsausschluss und Impressum 220
Den richtigen Titel finden 222
Ein Super Cover erstellen............................. 224
Das Layout optimieren 231
   Folgendes ist bei der Formatierung zu beachten 233
Ghostwriter schreiben lassen 239
   Ghostwriter sind nichts Unehrenhaftes 240
   Worauf du bei einem Ghostwriter unbedingt achten solltest 242
Vertrag mit dem Ghostwriter abschließen 245
   Das gehört in einen Ghostwriter-Vertrag 245
Hüte dich vor Plagiaten................................ 248
Anmelden bei KDP...................................... 250
Dein eBook veröffentlichen 255
Dein eBook bekannt machen........................ 264
   Kindle Countdown Deals........................... 265
   Gratis Werbeaktion 266
   Die 99 Cent Promo 268
Rezensionen bekommen.............................. 272
   Bitte deine Leser um eine Rezension 274
   Fake-Rezensionen entfernen lassen............ 275
Veröffentliche unbedingt auch ein Taschenbuch 279
   So erstellst du dein Taschenbuch 280
   Das Taschenbuch formatieren 283
   Seitenzahlen setzen................................... 288
   Dein Taschenbuch bei KDP veröffentlichen 288
   + ... 296
Pflichtabgabe an die Deutsche Nationalbibliothek 299

- Abgabe an die Landesbibliotheken 301
- Deine Autorenseite 302
- Gewerbeanmeldung & Co. 305
  - Bücher schreiben ohne Gewerbeschein 307
  - Gewerbeschein 308
  - Finanzamt 308
  - Steuern und Finanzen 310
- Umsatzsteuer 310
  - Beiträge zur Sozialversicherung 313
- Schlusswort 315
  - Wie war die Reise ins Land der eBook Autoren? 315
- In eigener Sache 318
- Anhang 326

Ein Buch schreiben

Wie du in weniger als 4 Wochen dein erstes Ratgeber eBook oder Taschenbuch schreibst und es bei Amazon ohne Kosten veröffentlichst

Autor: Michael Jäckel
3. Auflage 2022
ISBN: 9781796656763

Dieses Buch ist all denen gewidmet, die Freude am Schreiben haben, sich aber nicht trauen oder nicht wissen, wie man ein Buch oder eBook schreibt und ganz ohne Kosten und Risiko veröffentlicht.

Glaube mir, es ist einfacher, als du denkst.

Warum dieser Sammelband?

Das Buch „Passives Einkommen mit Kindle eBooks schreiben" war das erste, dass ich zu diesem Thema geschrieben habe. Es befasst sich mit dem Aufbau eines eigenen Kindle Business, bei dem du dir mit dem Schreiben oder Schreiben lassen von eBooks, die dann im Amazon Kindle Shop verkauft werden, gutes Geld auf verdienen kannst.

Dabei geht es mehr um die technischen Dinge. Das Schreiben von Texten, die dann zu einem eBook oder Taschenbuch führen, erkläre ich dort nur recht grob.

Auf Bitten vieler Leser entstand dann das Buch „Ein Buch schreiben", das sich weniger mit die Technik und mehr um das Schreiben kümmert.

Da beide Bücher für dich als Starter in diesem großartigen Business wichtig sind, habe ich diesen Sammelband erstellt.

Da beide Bücher eigentlich für sich allein stehen, wirst du beim Lesen natürlich parallele Texte finden. Ich hoffe das ist kein Problem für dich.

Viel Spaß beim Lesen und viel Erfolg beim Aufbau deines eigenen Kindle Business.

Einleitung

Hallo, ich bin Michael Jäckel, der Autor dieses Buches. Ich freue mich sehr, dass du dieses Buch gekauft hast.

Du kannst sicher sein, dass sich der Kauf für dich lohnen wird.

In der Regel gibt es zwei Beweggründe, warum meine Leser dieses Buch kaufen.

Zum einen sind es Menschen, die schon immer gern geschrieben, aber nicht im Traum daran gedacht haben, ein eigenes Buch zu veröffentlichen.

Zum anderen sind es Menschen, die davon gehört haben, dass mit dem Veröffentlichen von eBooks und Taschenbüchern bei Amazon gutes Geld verdient werden kann. Und das, ohne selbst auch nur einen Euro dafür bezahlen zu müssen.

Wenn du zu der ersten Kategorie, also zu denen zählst, die gern schreiben, bist du im Vorteil. Denn du verknüpfst die Leidenschaft zum Schreiben mit der Möglichkeit, nebenbei damit passiv gutes Geld zu verdienen. Was „passiv Geld verdienen "bedeutet, erfährst du gleich.

Aber auch, wenn du nur Geld mit eBooks und Taschenbüchern verdienen willst, ist dieses Buch ideal für dich.

Warum ist das so?

Seit vielen Monaten grassiert im Internet ein Geschäftsmodell, das auf den ersten Blick hochinteressant scheint. Es basiert darauf, viele eBooks bei Amazon zu populären Themen wie:

- Dating
- Abnehmen
- Rezepte
- Muskelaufbau
- und ähnlichem

zu veröffentlichen. So schaffst du dir in wenigen Monaten einen Pool von 60 eBooks und mehr.

Nun kann natürlich niemand 60 eBooks in 2 Monaten schreiben, schon gar nicht, wenn sie qualitativ hochwertig sind. Deshalb sucht man sich mehrere Ghostwriter, die für möglichst wenig Geld eBook-Texte schreiben.

In der Regel kosten diese Texte 2 – 3 Cent je Wort. Damit die Texte nicht zu teuer werden, begnügt man sich mit 3500 - 5000 Worten, also mit Texten, die zwischen 70,00 und 150,00 Euro kosten.

Da sich aber viele auf diese Themen stürzen und

nahezu täglich neue Bücher mit Low Carb Rezepten, Dating Tipps für Männer und Frauen usw. veröffentlicht werden, halten sich diese Bücher nur selten länger auf der ersten Angebotsseite im Amazon Kindle Shop und viele spielen nicht einmal ihre Kosten wieder ein.

Schnell kommt man dahinter, dass sich nur eBooks lohnen, die qualitativ hochwertig sind. Qualitativ hochwertige Texte bekommst du aber nicht für 2 Cent je Wort und ein gutes eBook, besonders dann, wenn aus diesem Text auch ein Taschenbuch entstehen soll, sollte mehr als 10.000 Worte, besser mindestens 15.000 Worte haben. Das entspricht bei einem Taschenbuch ungefähr 100 Seiten.

So ein Text mit 15.000 Worten zu je 3,5 Cent kostet dann schon 525,00 Euro. Diese 525,00 Euro kannst du dir sparen, wenn du deine Texte selbst schreibst.

In diesem Buch zeige ich dir Schritt für Schritt, worauf es beim Schreiben eigener Texte ankommt und so werden auch diejenigen, die bisher viel Geld an Ghostwriter für eher minderwertige Texte bezahlt haben lernen, hochwertige, für ihre Leser wertvolle Texte selbst zu schreiben. EBooks und Taschenbücher, mit denen sie dauerhaft gutes Geld verdienen.

Ich beschäftige mich seit mehreren Jahren mit den Möglichkeiten, Geld im Internet zu verdienen. Gerade das Internet ist eine ideale Plattform dafür.

Denn nirgend wo anders kann man mit weniger Geld und weniger Risiko ein lukratives Neben- oder Haupteinkommen aufbauen.

Um dieses Thema geht es in fast allen meinen Büchern, die Du hier im Amazon Kindle Shop findest.

Ich hoffe, es stört dich nicht, wenn ich „Du" zu dir sage.

Ich betrachte alle meine Leser als Freunde, denn gerade unter Freunden lassen sich lebenswichtige Informationen am besten transportieren. Und das Thema Geld und Geld verdienen ist nun einmal ein lebenswichtiges Thema. Ob es uns nun gefällt oder nicht.

In diesem Buch geht es darum, mit einem Editor wie MS Word oder dem kostenlosen Open Office Texte zu schreiben, die dann bei Amazon als eBook oder Taschenbuch veröffentlicht werden.

Das ist einfacher als du denkst, denn alles was du darüber wissen musst, lernst du in diesem Buch. Und zwar aus erster Hand, denn ich schreibe nur über Möglichkeiten, Geld im Internet zu verdienen, die ich selbst erfolgreich umgesetzt habe.

Ich schreibe Ratgeber und keine Romane. Das liegt daran, dass ich mich seit Jahren aktiv mit dem Thema Geld verdienen im Internet beschäftige und darin inzwischen ein großes Wissen angesammelt habe, das ich gern an meine Leser weitergeben will.

Deshalb wird es in diesem Buch auch um das Schreiben von Ratgebern und nicht um Romane schreiben und Ähnliches gehen.

So wie mir meine passiven Verdienstwege helfen, heute auch mit einer geringen Rente sehr gut leben zu können, möchte ich, dass auch andere nicht wegen zu wenig Geld im Alter dazu gezwungen sind, zusätzlich noch für einen Mindestlohn arbeiten gehen zu müssen.

Für viele älteren Jahrgangs werden meine Bücher zu spät kommen, für jeden aber, der noch jung ist, sei es 20, 30, 40 oder 50 und auch 60 Jahre, ist es die ideale Zeit, sich ein passives Einkommen zur Sicherung des Alters aufzubauen.

Dieses hier vorliegende Buch ist das fünfte aus einer Serie von Büchern, die sich mit den Möglichkeiten beschäftigt, Geld im Internet zu verdienen.

Doch auch dazu mehr am Ende dieses Buches.

Ein großes Thema heutzutage ist die Rente. Wie du an meinem Foto siehst, ist dieses Thema für mich durchaus aktuell und das sollte es auch für dich sein. Egal wie alt du gerade bist.

Denn wie sich die Rentenversicherung in den nächsten Jahren oder Jahrzehnten weiterentwickelt, ob es Sie in ferner Zukunft überhaupt noch gibt, weiß niemand.

Nur eines ist klar: Die Beträge, die du einmal als Rente bekommen wirst, werden nicht mehr so hoch sein wie bei den heutigen Rentnern.

Und wenn du deinen aktuellen Lebensstandard halten willst, musst du vorsorgen oder, wenn du dazu nicht in der Lage bist, später auch im „Ruhestand" noch hinzuverdienen.

Du brauchst zusätzliches Einkommen, um dein Auskommen zu haben.

Viele Rentner verdienen heute schon durch **aktive Arbeit** dazu. Sie machen das, was sie das ganze Leben schon gemacht haben. Sie verkaufen Ihre Arbeitszeit für Geld.

Unsere Politiker führen das darauf zurück, dass unsere „Alten" noch zu vital sind, um in den Ruhestand zu gehen.

Ihrer Meinung nach wollen Sie weiterarbeiten, um sich zuhause nicht zu langweilen. Vielleicht kommt daher das Bestreben, das Rentenalter immer weiter nach oben zu setzen.

Dabei sind es mit Sicherheit die wenigsten, die sich zuhause langweilen und deshalb einen oder zwei zusätzliche Mini-Jobs annehmen. Den meisten bleibt gar nichts anderes übrig, da ihre Rente zu gering ist und sie sozial verarmen, wenn sie sich die Teilnahme am öffentlichen Leben nicht mehr leisten können.

Aktives Einkommen ist allerdings begrenzt durch

die Zeit. Niemand kann seine Arbeitskraft mehr als 24 Stunden am Tag verkaufen.

Bei passivem Einkommen ist das anders. Geld, gut angelegt, arbeitet 24 Stunden am Tag und 7 Tage in der Woche für dich und erwirtschaftet Zinsen, Zinseszinsen und Dividenden. Ohne dass du noch etwas dafür tun musst.

Doch was machen die, die kein Geld sparen können, weil sie ohnehin nur gerade so viel Geld verdienen, dass es zum Leben reicht?

Es gibt viele Möglichkeiten, passives Einkommen zu erzielen. Unser Thema hier in diesem Buch ist es, **passives Einkommen durch das Schreiben von Kindle eBooks oder Taschenbüchern** zu generieren. Eine Möglichkeit, das wirst du am Ende dieses Buches sehen, die äußerst lukrativ ist und einfacher, als du jetzt noch denkst.

Du traust es dir nicht zu, Bücher zu schreiben? Kein Problem, denn bei Kindle eBooks handelt es sich eigentlich gar nicht um richtige Bücher, sondern nur um einfache Texte. Texte, die du ganz einfach mit einem Textverarbeitungsprogramm wie Microsoft Word oder Open Office erstellen kannst.

Chip.de Website für den Open Office Download

Microsoft Word wird heute schon bei vielen Computern gleich mitgeliefert. Wenn das bei dir nicht der Fall ist, lade dir das kostenlose Programm Open Office zum Beispiel von der Website Chip.de unter https://bit.ly/2SLEi3e herunter.

Eines gleich vorweg: **Ohne Arbeit geht es nicht.**

Auch beim Aufbau von passivem Einkommen geht es nicht, ohne erst einmal arbeiten zu müssen. Nichts wird dir geschenkt und nichts fällt dir in den Schoß.

Doch das großartige an passivem Einkommen ist, dass du in aller Regel nur einmal dafür arbeiten musst und dann immer wieder Gewinn davon hast. So wie wenn du nur einmal Geld verdienst, das du dann lukrativ anlegst und anschließend immer wieder Gewinne aus Zinsen, Zinseszinsen oder Dividende daraus erwirtschaftest.

Wenn du bereit bist, die nächsten Wochen oder Monate intensiv nach diesem Buch zu arbeiten, hast du es geschafft und dir eine Ansammlung von eBooks aufgebaut, die dir mehrere Hundert Euro im Monat erwirtschaften.

Und du kannst nach und nach immer wieder einmal ein neues eBook schreiben, um so deine Einnahmen zu steigern.

Also, lass uns beginnen.

Was genau ist denn ein eBook

Wie schon gesagt, eBooks eignen sich besonders gut für den Aufbau passiver Einkommensströme. Denn schon ein gut geschriebenes eBook, mit dem du den Nerv deiner Leserschaft getroffen hast, kann dir mehr Geld einbringen als ein 450 Euro Job, für den jeden Monat du meist mehr als 50 Stunden deines Lebens verkaufen musst.

Dabei ist ein eBook einfach nur ein Textdokument, das übersichtlich strukturiert deinem Leser zum Beispiel dabei hilft, ein Problem zu lösen. Je perfekter die Lösung ist, desto besser wird sich dein Buch verkaufen. Denn desto zufriedener sind deine Leser. Und das zeigen sie dann gern auch in einer positiven Rezension. Doch dazu später mehr.

Um einen Bestseller zu landen, musst du aber erst einmal einen heißen Markt finden. Eine Nische, in der die Nachfrage nach **deinem Thema**, groß genug ist und es nur wenige Bücher zum gleichen Thema gibt, die es mit deinem Buch aufnehmen können.

Ich zeige dir hier in diesem Buch Techniken, wie du in rasender Geschwindigkeit dein erstes eBook schreibst und wie du es dann ohne Kosten bei Amazon einstellen und zum Kauf anbieten kannst.

EBooks haben viele Vorteile. Sie können, einmal

geschrieben, tausendfach verkauft werden, ohne dass Produktionskosten dafür entstehen würden.

Der Leser bekommt sein eBook sofort ohne zeitlichen Verzug übermittelt und kann es per eBook-Reader, auf dem PC, dem Laptop, dem Tablet oder sogar auf seinem Handy jederzeit und sooft er will lesen. Lese-Apps für den PC, den Laptop, das Tablet oder das Handy können ganz einfach kostenlos aus dem Internet heruntergeladen werden.

Kein Wunder, dass der Umsatz von eBooks von Jahr zu Jahr zunimmt.

So schreibt das „Börsenblatt" unter

https://www.boersenblatt.net/artikel-e-book-markt_im_ersten_halbjahr.1506291.html

am 16. August 2018:

Anfang des Zitats:

Umsatz knackt 100-Millionen-Euro-Grenze

Im ersten Halbjahr stieg der Umsatz mit E-Books am Publikumsmarkt (ohne Schul- und Fachbücher) im Vergleich zur Vorjahresperiode um 11,3 Prozent und lag bei 100,6 Millionen Euro. Dafür sorgten mehr Käufer und vor allem der gestiegene Absatz (plus 16,4 Prozent), bei gesunkenem Durchschnittspreis.

Ende des Zitats.

Wäre es da nicht schön, ein kleines Stück dieses

Kuchens abzubekommen?

Ich verspreche dir, wenn du in deinem Kindle Direct Publishing Account - so nennt sich der Bereich bei Amazon, indem du später dein Buch veröffentlichst - das erste Mal eine Provision für den Verkauf deines eBooks oder später deines Taschenbuchs feststellst, wirst du begeistert sein und sofort nach einem neuen Thema für dein nächstes Buch suchen.

Und glaube mir, besonders stolz wirst du sein, wenn du erst einmal dein erstes, gedrucktes Taschenbuch in den Händen hältst.

Wenn das der Fall ist, dann hat dieses Buch seinen Sinn erfüllt. Und wenn du dich an die Vorgehensweise hältst, die ich dir hier aufzeige, wird es das auch tun.

Jeder kann ein erfolgreiches Buch schreiben

Wenn ich Freunden eines meiner Bücher gebe, damit sie mir helfen, Fehler zu finden oder unverständliche Formulierungen zu verbessern, höre ich immer wieder „Ich könnte keine Bücher schreiben".

Doch das stimmt nicht. Jeder, der im Stande ist, zusammenhängende Sätze zu sprechen oder Situationen zu beschreiben, kann auch ein Buch schreiben.

Du musst einfach nur wissen, worüber du schreiben willst und dann sorgfältig recherchieren, bis du alle Informationen, die für dein Thema wichtig sind, zusammengetragen hast.

Wenn du so schreibst, wie du dich mit einem Freund unterhalten würdest, liegst du absolut richtig. Menschen mögen keine Schulmeister, die sie von oben herab behandeln. Sie mögen Menschen die sind wie sie selbst und die ihnen die Tipps und Hinweise geben, die so brauchen um ein Ziel zu erreichen.

So wie du dieses Buch liest, um deinen ersten Bestseller zu schreiben und damit gutes Geld zu verdienen.

Natürlich brauchst du erst einmal eine helfende Hand, die dir zeigt, wie du am besten vorgehen solltest. Die wenigsten sind zum Erfolgsautor geboren. Und hier soll dir mein Buch helfen.

Auch ich habe mich nicht hingesetzt und sofort ein großartiges Buch geschrieben. Und obwohl ich jetzt schon 5 Bücher über verschiedene Möglichkeiten, Geld im Internet zuverdienen, geschrieben habe, bin ich immer noch nicht perfekt und werde es wahrscheinlich auch niemals sein.

Aber ich habe für mich eine Technik entwickelt, die mir hilft, Bücher zu schreiben die andere gern lesen. Bücher, die anderen helfen und die sich verkaufen. Darauf kommt es doch an, oder?

Ich bin sogar froh, dass viele glauben sie könnten kein Buch schreiben. Denn wenn das jeder machen würde...

Du hast dieses Buch gekauft, weil du Bücher schreiben willst. Und damit bist du eine Ausnahme. Obwohl ich davon überzeugt bin, dass es jeder könnte. Gratulation.

Schreiben ist einfacher, als du jetzt noch denkst

Viele scheuen vor dem Schreiben eines eBooks zurück, weil sie diese Aufgabe für zu groß und zu kompliziert halten. Weil sie denken, sie müssten Unmengen an Zeit und vielleicht auch Geld investieren.

Sicher, du musst arbeiten. Du musst ein sinnvolles und hilfreiches Buch schreiben und du musst es vermarkten, damit es auch gekauft wird. Aber keine Sorge, genau das alles lernst du hier.

Ich schreibe ausschließlich Sachbücher, und darum geht es hier in diesem Buch auch. Keine Romane und keine Krimis.

Denn Sachbücher müssen nicht unendlich viele Seiten haben. Sie müssen lediglich die Lösung für ein Problem bieten. Und das ohne große Umschweife.

Dein Leser kauft dein Buch, weil er auf seine Fragen Antworten sucht. Und wenn du diese Antworten lieferst, dann ist er glücklich und wird dein Buch weiterempfehlen. Und das ist dein Ziel.

Oft reicht es schon, wenn dein Text um die 10.000

Worte hat.

Wenn du zum Beispiel die Schriftart Calibri verwendest und eine Schriftgröße von 12, dann passen bei einem Zeilenabstand von 1,5 rund 244 Wörter oder 1500 Buchstaben mit Leerzeichen auf eine DIN A4 Seite.

Bei einem Text mit 10.000 Worten wären das knapp 40 DIN A4 Seiten. Das sollte doch zu schaffen sein, meinst du nicht auch?

Dazu kommt dann noch die Titelseite, das Inhaltsverzeichnis, das Impressum und der Haftungsausschluss und schon bist du bei 24 Seiten.

10.000 Worte sollten es aber schon sein und wenn du sorgfältig recherchierst, wird es eher mehr.

Du wirst schnell merken, dass es nicht die Schreibarbeit ist, die viel Zeit in Anspruch nimmt, sondern die Recherche. Denn hier ist absolute Sorgfalt geboten.

Ein Thema finden, das sich verkauft

Jeder, der ein Buch schreibt, abgesehen vielleicht von denen, die ihre Memoiren schreiben, sucht nach dem einen heißen Thema, das einen Bestseller garantiert.

Doch wie sieht so ein heißes Thema aus und wie findest du es?

Da es hier in diesem Buch um Ratgeber geht, wird es ein Rat sein, den du deinem Leser geben wirst.

Die heißesten Themen lassen sich in drei Bereiche einteilen:

- Leidenschaft
- Probleme
- Ängste

Diese drei Punkte veranlassen Menschen, nach Lösungen zu suchen und dafür Geld auszugeben.

Dabei kannst du in positive und negative Bereiche unterteilen:

Leidenschaft gehört eher in den positiven, erfreulichen Bereich, während Probleme und Schmerz negative Gefühle hervorrufen.

Unter die Leidenschaften fallen positive Themen

wie:

- Sport
- Kochen
- Dating
- Muskelaufbau
- Hobbys
- uvm.

Probleme beinhalten negative Themen wie:

- Selbstvertrauen gewinnen
- Mit Zeitmanagement effektiver arbeiten
- Nie mehr Schulden
- Burnout vermeiden
- Abnehmen
- Essstörungen
- uvm.

Ängste drücken sich in Themen aus wie:

- Angst, den Freund / die Freundin zu verlieren

- Flugangst überwinden
- Nie mehr Angst vor Spinnen
- Ängste verstehen und überwinden
- uvm.

Diese Beispiele sollen nur die Richtung vorgeben. Sicher findest du noch deutlich mehr bei deinen Recherchen.

Diese Themen verkaufen sich am besten

Die Themen, die von den meisten Lesern gesucht werden und für die ein Leser bereit ist, sofort Geld zu bezahlen sind Themen, die Probleme lösen.

Das können ganz einfache Themen sein wie:

- dass etwas einfacher wird,
- dass man Zeit für sich und seine Familie findet,
- dass man damit Geld verdient,
- dass man damit Geld spart,
- dass man damit glücklicher wird,
- dass man sich damit sicherer fühlt

- dass einem etwas leichter fällt
- und, und, und.

Kürzlich habe ich da ein prima Beispiel gelesen:

Stell dir vor, jemand hat mörderische Zahnschmerzen und weit und breit gibt es keinen Zahnarzt, der ihm helfen könnte.

Durch Zufall hast du gerade recherchiert, wie man Zahnschmerzen mit Hausmitteln erfolgreich beseitigt und ein eBook mit dem Titel „So wirst du deine Zahnschmerzen im Handumdrehen los – 20 garantiert wirkende Hausmittel gegen mörderische Zahnschmerzen" darüber geschrieben.

Wird dieser Mensch dein eBook kaufen, wenn du es mit einem großartigen Verkaufstext bei Amazon anbietest?

Suche dir immer eine Nische

Grundsätzlich solltest du dir immer ein eng gefasstes Thema suchen. Das hängt damit zusammen, dass du im Idealfall für eine kleine, aber finanzkräftige Zielgruppe schreiben solltest, die bereit ist, für eine Lösung auch wirklich Geld zu bezahlen.

Was eine Zielgruppe ist, besprechen wir gleich.

Das Beispiel mit den Zahnschmerzen macht es

deutlich. Da hat jemand Schmerzen, die er unbedingt loswerden möchte. Er hat aber nicht irgendwelche Schmerzen, sondern Zahnschmerzen.

Ein Buch über „Allgemeine Schmerzen im Körper und wie du sie loswerden kannst" würde ihm also nur bedingt helfen und er würde es nicht kaufen, weil er nicht sicher sein kann, dass seine Zahnschmerzen da auch ausreichend besprochen werden.

Das Buch, das sein Problem aber auf den Punkt trifft, kauft er ohne Bedenken.

Zuerst das Problem, dann die Lösung

Viele Buchautoren machen den großen Fehler, dass sie Bücher über ein Thema schreiben, dass sie selbst besonders interessiert. Ohne sich vorher Gedanken darüber zu machen, ob es dafür euch einen Markt gibt.

Das ist solange kein Problem, solange es tatsächlich auch genügend Menschen gibt, die Interesse daran haben. Das ist aber leider nicht immer der Fall.

Vor einiger Zeit wurde mir ein Buch vorgestellt, das „Durchfall bei Katzen" zum Thema hatte. Ein sehr schönes Buch, mit viel Liebe geschrieben und mit einem Cover von einem hochwertigen Designer gemacht, dass einiges Geld gekostet hat. Auf meine

Frage, warum dieses Thema gewählt wurde, schrieb mir die Autorin:

Ich habe mir damit einen Herzenswunsch erfüllt. Aber ich weiß auch, dass sich dieses Buch kaum verkaufen wird. Sie hatte Recht damit, denn das Buch erwirtschaftet nicht einen Euro im Monat.

Ist das der Sinn, ein Buch zu schreiben? Oder ist es nicht vielmehr so, dass du ein Buch schreiben solltest, um anderen Menschen zu helfen, damit ein Ziel zu erreichen, dass sie ohne dein Buch nur schwerlich erreichen würden?

Deshalb ist es wichtig, erst einmal zu erforschen, ob der Inhalt deines Buches auch wirklich viele Menschen interessiert.

Stell dir vor, du betreibst ein Brillengeschäft in deiner Stadt. Direkt neben dir ist noch ein Brillengeschäft, also ein direkter Mitbewerber.

Wenn jetzt eine gute Fee käme und dir einen Vorteil gegenüber deinem Mitbewerber schenken möchte, damit du ihn für immer als Konkurrent loswirst. Was würdest du dir wünschen?

Lege das Buch, den eBook-Reader, das Handy oder womit auch immer du dieses Buch liest, einmal kurz zur Seite und denke dir einen Wunsch aus.

Na, was hast du dir gewünscht? Die schöneren Brillengestelle? Die günstigsten Angebote? Den perfektesten Service?

Ich sage dir, was ich mir wünschen würde: Eine riesige Anzahl Leute, die schlecht sehen können und unbedingt eine Brille brauchen. Leute, denen es egal ist, ob die Fassung von Hugo Boss oder einem anderen Edel-Hersteller kommt. Leute, die einfach nur gut sehen wollen und dafür eine Brille kaufen.

Hast du dir das auch gewünscht?

Wenn ja, dann hast du verstanden, worum es geht. Und dann wirst du auch das Thema finden, das dein Buch zum Bestseller macht.

Garantiert.

Viele Autoren machen es umgekehrt. Sie schreiben erst ein Buch und suchen dann den Markt dafür.

Oder sie verlassen sich auf die Bereiche, die rund 80% aller eBook-Autoren im Ratgeber-Bereich beackern:

- Dating
- Abnehmen
- Rezepte
- Gesundheit

Um zu wissen, welche Bücher so auf den Markt kommen, schaue ich immer wieder einmal auf Facebook in die Gruppen, in denen neue Bücher kostenlos oder für 99 Cent angeboten werden.

Hier eine kleine Auswahl:

- **99er Kumpels** - https://www.facebook.com/groups/1815161632119321/

- **eBooks & Bestseller** - https://www.facebook.com/groups/ebestseller/

- **Kostenlose eBooks promoten & vermarkten** - https://www.facebook.com/groups/335517990138600/

- **eBooks für 99Cent** - https://www.facebook.com/groups/457067057686452/

Sicher findest du noch weitere Gruppen bei Facebook. Es ist sehr interessant, dort ab und zu hinein zu schauen. So bekommst du schnell ein Gefühl dafür, worüber du nicht auch noch schreiben solltest. Denn diese Bücher verschwinden so schnell, wie sie gekommen sind. Da immer wieder neue Bücher zum gleichen Thema erscheinen, die die älteren Bücher verdrängen.

Die Sachbücher der letzten 4 Tage hatten Themen wie:

- Ehrliche Verführung
- Zuckerfrei

- Basisches Kochbuch
- Vegan Kochbuch
- Bowls Kochbuch
- 100 köstliche Pizza-Rezepte
- Gesund durch Ernährung

Kochbücher sind auch deshalb so beliebt, weil es für Rezepte kein direktes Urheberrecht gibt. Man muss sie nur umschreiben und kann so ein kopiertes Buch ganz einfach für sich selbst auf den Markt bringen.

Kein Wunder also, dass zum Beispiel Low Carb Kochbücher höchstens 3 Monate lang Geld einbringen und dann auf den hinteren Seiten im Amazon Kindle Shop versauern.

Das ist jedoch nicht mein Ziel und sollte auch nicht dein Ziel sein. Meine Bücher sollen und werden dauerhaft Menschen helfen, die zusätzlich Geld verdienen wollen oder einen stabilen Zuverdienst zu ihrer Rente suchen. Und ganz nebenbei werden sie auch dauerhaft Geld für mich einspielen.

Oft liegt das Thema ganz nahe. In dir selbst.

- Vielleicht hast du schon Dinge vollbracht, die andere auch gern vollbringen würden?

- Vielleicht hast du schon Ziele erreicht, die andere auch erreichen wollen?
- Vielleicht hast du Interessen, für die sich auch andere interessieren?

Diese Themen könnten interessant für dich sein

Ich habe dir hier einmal vier Themenbereiche herausgesucht, die ich für interessant halte. Natürlich gibt es auch dafür schon gute Bücher. Und natürlich erscheinen zu diesem Thema auch immer wieder einmal neue Bücher.

Die Themen sind aber so komplex, dass die große Gruppe an Ghostwriter Autoren, das sind Unternehmer, die von anderen, also von Ghostwritern billige Texte für sich schreiben lassen und diese dann als eBooks veröffentlichen, diese Themen nicht gern anfassen.

Denn diese Themen kann man nicht mit 3500 – 5000 Worten abhandeln. Und mehr wollen diese Unternehmer bei einem Preis von 2,5 – 4,5 Cent je Wort nicht ausgeben.

Thema 1 – Geld verdienen

Dieses Thema ist in einer speziellen Form auch mein

Thema, denn ich habe schon viele Geschäftsmodelle getestet, um im Internet Geld zu verdienen. Und davon handeln fast alle meine Bücher.

Geld braucht jeder. Kaum jemand hat zu viel davon.

Wenn du also Möglichkeiten kennst, wie man relativ leicht oder zumindest mit viel Spaß Geld verdienen kann, ist das ein großartiges Thema für dich.

Thema 2 – Geld sparen

Geld ist immer knapp. Trotzdem geben wir jeden Monat Geld für unnötige Dinge aus. Geld, dass dann an anderer Stelle fehlt.

Es gibt viele Möglichkeiten, Geld zu sparen. Du kannst:

- Energie sparen,
- am Wasser sparen,
- beim Einkaufen sparen
- beim Versicherungswechsel sparen
- und, und, und.

Wenn du da Erfahrungen hast, dann ist das ein prima Thema, dass nur wenige bisher aufgegriffen haben.

Thema 3 - Zeit sparen

Zeit ist eines unserer kostbarsten Güter. Denn jeder

von uns hat nur eine begrenzte Lebenszeit. Umso verwunderlicher ist es, dass so viele mehr als sorglos mit ihrer Zeit umgehen.

Das ist zum Beispiel auch ein Grund, warum ich so gut wie nie private Fernsehsender wie SAT1, RTL usw. einschalte.

Diese Sender rauben mir einen enormen Teil an Lebenszeit, wenn sie gezeigte Filme mehrfach mit nervender Werbung unterbrechen.

Doch das nur am Rande.

Unser Leben ist von Stress gekennzeichnet und oft haben wir das Gefühl, die 24 Stunden, die uns der Tag bietet, reichen nicht mehr.

Wenn ich am Abend betrachte, was ich geschafft habe, ist es nie das, was ich vornehme. Sicher geht es dir nicht anders.

Denke ich aber darüber nach, wie viele unnütze Dinge ich am Tag tue - allein nur, weil ich mich auf meine Arbeit nicht ausreichend konzentriere - weil mein Handy piept, weil mein Computer eine Mail meldet, weil tausend andere Dinge wichtiger erscheinen, weiß ich, wo das Problem liegt.

Deshalb ist die Selbstorganisation und das damit verbundene „Zeit sparen" ein Thema, für das sich viele interessieren.

Thema 4 – Gesünder leben

Nanu, wirst du jetzt vielleicht sagen, gerade hat er doch geschrieben, dass „Gesundheit" allgemein betrachtet, ein ausgelutschtes Thema ist.

Das stimmt auch. Hier geht es mir auch nur um die Möglichkeit für dich, zu schreiben wie du, falls das auf dich zutrifft, die eine oder andere gesundheitliche Beeinträchtigung überwunden hast.

Das sollte und muss ein Tatsachenbericht sein. Wenn du also von Akne geplagt warst, und hast einen auch für andere gangbaren Weg gefunden, die Akne schnell wieder los zu werden, dann schreib ein Buch darüber.

Wenn du ein starker Raucher warst und konntest dir das Rauchen auf verblüffend einfache Weise abgewöhnen, schreib ein Buch darüber.

Wenn du deinen Kleingarten so gut durchorganisiert hast, dass du durch den Ertrag zum Selbstversorger geworden bist, schreib ein Buch darüber. Aber schreib bitte nicht das 594te Buch darüber, warum Zucker ungesund ist.

Alle hier genannten Themen lassen sich noch vielfach variieren und sollen die nur den Weg zeigen wo es lang gehen könnte.

Selbst, wenn du da nur ansatzweise weist, worum es geht, wirst du zusätzliche Informationen leicht im

Internet finden. Doch dazu später mehr.

So findest du weitere Themen

Die Amazon Bestseller Liste - Amazon mit seinem Kindle Shop ist der größte Anbieter von eBooks in Deutschland. Kein Wunder, wenn Amazon dann auch die beste Quelle ist, um Themen für eBooks zu finden.

Ausgangspunkt für deine Suche ist die Amazon Bestseller Liste für digitale Bücher, die du unter

https://www.amazon.de/gp/bestsellers/digital-text/

findest.

Amazon Website für eBook Bestseller

Rechts siehst du ein Menü, in dem du dir die einzelnen Kategorien aussuchen kannst. Suche danach einer Kategorie, die du bevorzugen würdest.

Neben der eigentlichen Amazon Bestseller Liste gibt

es auch eine für kostenlose eBooks. EBooks für ein paar Tage kostenlos anzubieten ist eine Werbemaßnahme, die dir in deinem Kindle Account angeboten wird.

Diese Werbemaßnahme nutzt hauptsächlich Autoren, die ein neues Buch auf den Markt bringen. Hier findest du also jede Menge neue Bücher und somit wahrscheinlich auch aktuelle Themen.

Die Bestseller Liste für kostenlose Bücher findest du hier:

https://www.amazon.de/gp/bestsellers/digital-text/ref=zg_bs?ie=UTF8&tf=1

Fachzeitschriften - Eine weitere Hilfe zur Themenfindung können auch Zeitschriften sein. Hast du zum Beispiel über das Thema „Angeln" nachgedacht, könnten einschlägige Angel-Zeitschriften dir Hinweise auf Themen geben. Denn gerade Herausgeber von Zeitschriften recherchieren genau, welche Themen ihre Leser gerade besonders interessieren.

Das Wichtigste ist deine Zielgruppe

So, jetzt solltest du dich entschieden haben, in welchen Bereich du schreiben möchtest. Wohlgemerkt, es geht erst einmal nur um einen groben Bereich, nicht schon um ein bestimmtes Thema.

Bei mir ist es zum Beispiel das Thema „Geld verdienen im Internet".

Denn bevor wir zu Recherche über dein Thema kommen, hier die absolut wichtigste Frage, die du dir stellen musst:

Welche Personen genau haben das Problem, für das ich eine Lösung biete und ist das Problem auch wirklich so groß, dass sie bereit sind, für eine Lösung Geld auszugeben.

Diese Personen sind deine Zielgruppe, die du so genau wie möglich bestimmen solltest.

Oft höre ich: „Ich möchte möglichst viele Menschen ansprechen, damit möglichst viele auch mein Buch kaufen". Doch das ist völlig falsch. Wenn du alle ansprechen willst, wird niemand dein Buch kaufen, da sich niemand **direkt angesprochen** fühlt. Denke an die Zahnschmerzen...

Wichtig:

Du brauchst eine speziell ausgewählte Zielgruppe, der du mit einer speziell auf deren Problem ausgerichteten Lösung hilfst.

Und du brauchst die Gewissheit, dass deine Zielgruppe dein eBook mit Sicherheit kaufen wird. Schon bevor du überhaupt anfängst zu schreiben.

Zielgruppenanalyse

Sicher fragst du dich jetzt, welche Eigenschaften für die Analyse deiner Zielgruppe wichtig sind.

Das sind:

- **Das Alter oder die Zugehörigkeit zu einer Altersgruppe** – sind die Personen 18 – 30jährig, 31 – 50jährig oder Senioren?

- **Der Wohnort bzw. ein bestimmtes Wohngebiet** - sind es Eigenheimbesitzer oder wohnen sie in sogenannten Wohnsilos?

- **Der Familienstand** – alleinstehend, verlobt, verheiratet, geschieden oder gar verwitwet?

- **Höhe des Einkommens** – je höher das Einkommen, desto mehr Qualität muss dein Buch haben.

- **Die Sprache** – du musst deine Zielgruppe auch sprachlich dort abholen, wo sie steht. Junge Leute haben eine andere Sprache als Senioren, reiche Leute eine andere als arme.

- **Ethik und Werte** – gerade Themen wie Umwelt, bestimmte Ernährungsformen oder auch das Thema Abnehmen sind eng mit der eigenen Ethik und Wertebestimmung verbunden. Die wird in unterschiedlichen Bevölkerungsgruppen auch unterschiedlich gesehen.

Ideal ist es, wenn du dir zu der Person, die deine Zielgruppe am besten trifft, eine Persönlichkeitsbeschreibung anlegst.

So hast du ein klares Bild dieser Person vor Augen und kannst sie/ihn in deinem Buch direkt ansprechen.

Etwa so:

- Meine Zielperson ist männlich und zwischen 30 und 45 Jahre alt.

- Er ist verheiratet und hat 2 Kinder.

- In der Freizeit beschäftigt er sich gern mit dem Computer und surft auch gern im Internet

- Er arbeitet als Sachbearbeiter in einem Büro.
- Er kann sich gut ausdrücken und es macht ihm Spaß, Texte zu formulieren.
- Er will seiner Familie mehr bieten, als er das mit seinem jetzigen Gehalt kann.
- Bei seiner Position ist es schwierig, einen höher dotierten Posten zu bekommen, und er kann nur auf die Standard-Lohnerhöhungen hoffen.
- Er will seinen Kindern eine solide Ausbildung ermöglichen.
- Er sorgt sich um den Erhalt seines Wohlstandes im Rentenalter.
- Deshalb interessiert er sich für die Möglichkeit, im Internet Geld zu verdienen.

Diese Personenbeschreibung lässt sich sicher noch weiter spezialisieren, reicht aber durchaus schon aus, sich ein konkretes Bild zu machen.

Egal ob du ein Buch schreibst oder andere Produkte an den Mann / die Frau bringen willst, nur wenn du ein möglichst exaktes Bild von den Menschen hast, für die du dein Buch schreibst, wirst du auch erfolgreich sein. Denn nur, wenn du weißt, wo deinen Leser der Schuh drückt, kannst du ihm helfen, sein Problem zu lösen.

Und nur dann wirst du Erfolg mit deinem Buch haben und es wird sich verkaufen wie warme Semmeln. Das nennt man Win-Win.

Fazit:

Der beste Weg, ein lukratives Thema zu finden ist, nach einem ganz bestimmten Problem für eine exakt bestimmte Gruppe von Menschen zu suchen.

Eine Gruppe, die groß genug ist, damit du viele Bücher verkaufen kannst und die vermögend genug ist, damit sie deine Bücher auch bezahlen kann. Und die leidenschaftlich nach einer Lösung für ihr Problem sucht.

So findest du die richtigen Themen für deine Zielgruppe

Wie bereit besprochen, ist deine Zielgruppe der Ausgangspunkt aller Dinge. Denn erst, wenn du deine Zielgruppe genau kennst und weist, was sie leidenschaftlich sucht, hast du das Thema für dein Buch gefunden. Oder noch besser, die Themen für mehrere Bücher.

Denn es ist allein die Leidenschaft, die deine Leser antreibt, das Ziel zu erreichen, dass du ihnen zeigst. Ein Ziel, dass sie unbedingt erreichen wollen. Koste es, was es wolle.

Leser kaufen nur das, was sie wirklich wollen.

Ob du das richtige Thema gefunden hast, kannst du mit folgenden Fragen klären:

- Interessiert sich meine Zielgruppe leidenschaftlich für dieses Thema?
- Hat meine Zielgruppe dieses klar erkennbare Problem?

- Ist meine Zielgruppe bereit, für die Lösung dieses Problems Geld auszugeben?

- Ist meine Zielgruppe online erreichbar?

- Bietet mir die Zielgruppe die Möglichkeit, verschiedene Bücher zum Thema zu schreiben und zu verkaufen?

Nur wenn du die ersten 4 Fragen mit „ja" beantworten kannst, solltest du das gewählte Thema angehen. Ideal ist allerdings, wenn du alle 5 Fragen mit „ja" beantworten kannst. Denn dann kannst du dir einen Expertenstatus aufbauen und Leser, die ein Buch von dir kaufen, werden mit großer Sicherheit noch weitere Bücher von dir ordern.

Diese Fehler solltest du unbedingt vermeiden

Fehler macht jeder. Und das ist auch gut so, denn aus eigenen Fehlern lernst du mehr als aus tausend Büchern. Das ist zumindest meine Meinung.

Trotzdem gibt es gerade beim Start eines neunen Business einige Fehler, die du besser nicht machen solltest.

Schreibe keine Bücher, die sich nicht verkaufen lassen

Den ersten Fehler habe ich ja schon angedeutet. Wähle dir kein Thema aus, das sich nicht verkaufen lässt. Durchfall bei Katzen ist so ein Markt. Verliebe dich nicht in ein Thema, von dem du glaubst, dass es noch viele andere interessiert, sondern mache eine seriöse Zielgruppen- und Themenanalyse, bevor du dich entscheidest.

Recherchiere sorgfältig und ausreichend

Eine gute Recherche ist die Basis jedes guten Buches. Nur wenn du sorgfältig Stück für Stück deines Buches zusammenträgst, kann am Ende etwas Gutes dabei herauskommen.

Glaube mir, dein Leser findet Fehler mit traumhafter Sicherheit und nichts ist schlimmer für dein Buch als negative Leserbewertungen, weil Dinge nicht korrekt dargestellt werden.

Den Punkt „Recherche" behandeln wir später noch genauer.

Übe Disziplin beim Schreiben

Jeder Mensch ist faul. Ich bin es auch. Auch wenn das Wort „faul" vielleicht ein wenig hart ist. Sagen wir, jeder Mensch geht der Arbeit gern aus dem Weg.

Schreiben ist Arbeit, oft sogar Schwerstarbeit. Besonders dann, wenn dir das Schreiben einmal nicht so gut von der Hand geht.

Ich habe mir vorgenommen, jeden Tag mindestens 2 Stunden zu schreiben. Das klappt nicht immer, dafür schreibe ich an manchen Tagen aber auch länger.

Allzu oft muss ich mich tatsächlich zwingen, diese

Vorgabe auch einzuhalten. Besonders dann, wenn ich meine, es gäbe doch viel wichtigere Dinge als da zu sitzen und zu schreiben. Ich setze mich dann hin und beschließe, nur 10 Minuten lang zu schreiben. Meistens werden es dann 2 Stunden.

Sich zwingen heißt, Disziplin zu üben. Denn ohne geht es nun einmal nicht. Sonst wird dein Buch niemals fertig.

Schon bevor ich zu schreiben beginne, teile ich mir den Text in Kapitel und Unterkapitel auf. Wie das geht, besprechen wir noch.

Jetzt kann ich mir täglich ein Unterkapitel vornehmen und dieses fertig schreiben. So setze ich mir kleine Ziele, die ich täglich erreiche und die mich stolz machen.

Disziplin ist absolute Voraussetzung, wenn du deine Ziele erreichen willst. Mit ein wenig Disziplin erreichst du mehr als viele, viele andere. Denn die meisten Menschen haben 0 % davon.

Weil das Thema Motivation so wichtig ist, gehe ich später noch einmal darauf ein.

Kümmere dich ausgiebig um das Marketing

Ein Buch schreiben ist die eine Sache, ein Buch

verkaufen die andere. Es gibt mehrere hunderttausend Bücher im Amazon Kindle Shop. Man erkennt das am Amazon Bestseller Rang.

Jedes Buch, das im Amazon Kindle Shop zu kaufen ist, wird in eine Reihenfolge eingeordnet.

Dabei ist das Buch mit dem Amazon Bestseller Rang (ABR) von 1 das am meisten verkaufte.

Je größer die Zahl wird, desto seltener verkauft sich das Buch und desto weniger Geld verdient man damit.

Als Faustformel kann man sagen, dass du mit einem Buch mit ABR 50.000 ca. 100,00 Euro im Monat verdienen kannst. Mit einem ABR von 100.000 mit Glück noch 50,00 Euro.

Das Buch mit dem Durchfall bei Katzen hat am heutigen Tag einen ABR von 877.138, wird also wahrscheinlich gar nicht verkauft.

Nun kannst du das beste und hilfreichste Buch schreiben, wenn es keiner findet, dann wird es auch nicht verkauft. Und dann kannst du auch niemandem mit deiner Lösung helfen.

Um bei Amazon mit deinem Buch in der passenden Kategorie auf die erste Seite zu kommen, musst du ein ausgefeiltes Marketing betreiben. Denn nur wenn dein Buch auf der ersten Seite ist, wird es auch verkauft.

Die meisten Autoren allerdings kümmern sich so gut wie gar nicht um ein gutes Marketing oder um einen Verkaufstext, der den Leser förmlich zwingt, das Buch zu kaufen.

Damit dir das nicht passiert, findest du weiter hinten ein ausführliches Kapitel darüber.

Die Recherche

Tut mir leid, wenn du geglaubt hast, es ginge jetzt endlich ums Schreiben, muss ich dich enttäuschen. Denn bevor du beginnen kannst, deinen Text zu schreiben, musst du erst einmal wissen, was du schreiben solltest. Und genau das musst du sorgfältig recherchieren.

Viele der Quellen, die du für die Recherche einsetzen kannst, hast du ja schon bei der Suche nach deinem Thema kennen gelernt.

Hier eine kleine Auflistung, wo du wertvolle Informationen findest:

Die Top 100 Liste bei Amazon.de

Eine sehr gute Quelle für Informationen ist die Top 100 der kostenlosen eBooks. Denn dort kannst du dir Bücher kostenlos downloaden, die zu deinem Thema passen und schauen, was andere dazu geschrieben haben, ohne Geld dafür auszugeben.

Es kann sich aber durchaus auch rechnen, das beste eBook zu deinem Thema zu kaufen. Das beste eBook ist immer das, welches die meisten positiven Rezensionen und den niedrigsten Amazon

Bestseller-Rang hat. Ideal ist zusätzlich, wenn dieses Buch auch ein Bestseller Nr. 1-Siegel hat, der zum Thema passt. Das ist leider nicht immer der Fall.

Das Amazon Bestseller Nr. 1 Siegel passend zum Thema

Amazon „Blick ins Buch"

Eine weitere, großartige Möglichkeit ist der „Blick ins Buch", den dir Amazon bietet, wenn du ein Buch aufrufst, dass zu deinem Thema passt oder besser noch, dass schon zu deinem Thema geschrieben wurde.

Dort schaust du dir das Inhaltsverzeichnis an. Hier wird dir genau aufgelistet, über welche einzelnen Punkte du dich näher informieren musst.

Beispiel für den „Blick ins Buch" bei Amazon.de

Beim „Blick ins Buch" findest du meist auch das Inhaltsverzeichnis

Blogs zu deinem Thema

Blogs zu deinem Thema sind ebenfalls eine wichtige Quelle. Hier werden viele für dich wichtige Punkte ausführlich behandelt und in den Kommentaren findest du genau die Punkte und Nachfragen, bei denen deiner Zielgruppe der Schuh drückt.

Neben dem Lesen der einzelnen Artikel, die dir ein Bild geben, wofür sich deine Zielgruppe interessiert, solltest du die Kommentarfunktion dazu nutzen, selber Fragen zu den Bereichen zu stellen, die dir noch nicht so ganz klar sind.

Es gibt zu jedem Thema einen oder mehrere Blogs im Internet. Gib einfach in der Google Suche dein Thema ein und füge das Wort „Blog" dazu.

So zum Beispiel „Abnehmen Blog". Selbst mit der Suche „Fußschweiß Blog" habe ich viele Ergebnisse gefunden.

Foren zu deinem Thema

Neben den speziellen Blogs zu deinem Thema sind auch passende Foren eine gute Quelle, die Frage zu erkennen, die deine Zielgruppe stellt und die du in deinem Buch dann unbedingt beantworten solltest.

Foren sind allerdings nicht ganz so wertvoll, da dort nicht, wie bei einem Blog, der Blogbetreiber Fragen beantwortet, sondern in erster Linie viele Möchtegern-Schlaue, deren Antworten oft alles andere als Kompetent sind.

Trotzdem solltest du Foren wie

- https://www.gutefrage.net

- https://www.willwissen.net

- https://www.forumplexus.com/

- oder ähnliche

in deine Recherche mit einbeziehen.

Auch hier gilt die Google-Suche „Dein Thema + Forum". Selbst mit der Suche „Fußschweiß Forum" habe ich auch hier viele Ergebnisse gefunden. Das Thema „Fußschweiß" scheint brandaktuell zu sein, vielleicht ein Tipp für dich. Auch wenn dieses Thema eher „anrüchig" ist, werde ich es hier einmal als Beispiel weiterverwenden.

Das ist auch ein gutes Beispiel dafür, wie man manchmal weitere Ideen während des Schreibens findet.

YouTube Videos

Zu jedem Thema gibt es unzählige Videos auf youtube.de. Daher ist YouTube eine der wichtigsten

Informationsquellen für dich.

Auch hier wirst du bei Thema Fußschweiß fündig und findest viele Tipps und Rezepte, wie man dem Fußschweiß ein Ende bereiten kann.

YouTube-Suche zum Thema „Fußschweiß verhindern" unter
https://www.youtube.com/results?search_query=fu%C3%9Fschwei%C3%9F+verhindern

Zeitungsstände

So ein Zeitungsstand ist der ideale Ort, um gute Ideen für ein Buch zu bekommen. Ich bevorzuge hier den Zeitungsstand im Hauptbahnhof unserer Stadt, denn dort ist die Auswahl an Zeitschriften aller möglichen Themen enorm.

Es geht schon damit los, dass du erst einmal schaust, von welchen Themen es die meisten Zeitschriften gibt. Denn diese Themen sind es, die das größte Interesse beim Leser hervorrufen.

Anschließend kannst du einzelne Zeitschriften vergleichen und feststellen, welche Themen in fast allen Zeitschriften vorkommen. Denn das zeigt dir den Trend.

Vielleicht hast du aber auch dein Thema schon gefunden und es gibt spezielle Zeitschriften dafür. Gerade im Bereich „Hobby" findest du da enorm viel. Zeitschriften über Golf, spezielle Tierzeitschriften, Zeitschriften über Kindererziehung und vieles mehr.

Jetzt geht es ans Schreiben

Ich sehe dich förmlich aufatmen. Endlich Schluss mit den vielen Vorbereitungen. Denn schließlich hast du ja dieses Buch gekauft, um zu lernen, wie du dein Buch, einen Bestseller, schreiben kannst.

Doch wie schon gesagt, das Schreiben ist nur ein Teil dessen, was ein gutes Buch ausmacht. Besonders dann, wenn es sich gut verkaufen soll und du neben der Freude, anderen helfen zu können, auch finanziell dafür belohnt werden willst.

Zuerst einmal brauchst du einen Plan

Jedes Buch und besonders jeder Ratgeber verfolgt ein Ziel. Ist es beim Liebesroman das Happy End, so ist es bei einem Ratgeber die Lösung eines Problems.

Je größer und schmerzhafter das Problem, desto größer auch der Wunsch, es aus der Welt zu schaffen. Du erinnerst dich an die drei wichtigsten Themen-Bereiche?

- Leidenschaft
- Probleme

- Ängste

Um zu einer Lösung zu kommen, braucht es einen Weg. Einen Weg, der Schritt für Schritt aufzeigt, was dein Leser machen muss, um schlussendlich zur Lösung seines dringendsten Problems zu gelangen.

Damit er auch wirklich von ganzem Herzen diese Lösung will, musst du ihm sein Problem am Anfang deines Buches noch einmal in allen Farben vor Augen führen. Schildere das Problem in allen Einzelheiten, so dass es wirklich weh tut. Und verspreche dann, dass du dieses Problem im Laufe des Buches aus der Welt schaffst.

Damit motivierst du deinen Leser, auch wirklich zum Buch zu greifen und es zu lesen. Nicht nur die Einleitung, sondern auch bis zum Ende.

Hier ist es wichtig, deinen Text an einem roten Faden entlang laufen zu lassen. Dieser rote Faden ist dein Inhaltsverzeichnis.

Das Inhaltsverzeichnis ist die Basis deines Buches und zeigt während des Schreibens dir als Autor genauso den Weg zum Ziel wie später deinem Leser.

Wenn dir zu deinem Thema da nicht gleich selbst ein klarer Weg einfällt, denke an meinen Tipp mit dem „Blick ins Buch".

So baut sich dein Inhaltsverzeichnis auf

Ein Buch, egal ob eBook oder Taschenbuch, braucht ein Inhaltsverzeichnis. Einziger Unterschied zwischen eBook und Taschenbuch ist, dass ein Taschenbuch ein Inhaltsverzeichnis mit Seitenzahlen braucht und ein eBook nicht.

Das liegt daran, dass beim eBook die Darstellung einer Seite abhängt von dem Gerät ist, mit dem es gelesen wird. Auf einem PC kann pro Seite mehr Text abgebildet werden als auf einem Tablet, einem eBook Reader oder gar einem Handy.

Zusätzlich hat der Leser bei allen Geräten die Möglichkeit, die Schriftgröße zu verstellen, um sich so das Lesen zu erleichtern.

Inhaltsverzeichnisse von Ratgebern bauen sich in der Regel folgendermaßen auf:

- Vorwort oder Einleitung
- Kapitel 1
    - Unterkapitel 1a
    - Unterkapitel 1b
    - Unterkapitel 1c
    - Unterkapitel 1d

- Kapitel 2
  - Unterkapitel 2a
  - Unterkapitel 2b
  - Unterkapitel 2c
  - Unterkapitel 2d
  - Unterkapitel 2e
- Kapitel 3
  - Unterkapitel 3a
  - Unterkapitel 3b
  - Unterkapitel 3c
- Kapitel 4
  - Unterkapitel 4a
  - Unterkapitel 4a
  - Unterkapitel 4a
  - Unterkapitel 4a
- Kapitel 5
- usw.
- Schlusswort oder Fazit
- Rechtliche Texte

Bevor du zu schreiben beginnst, solltest du erst einmal dein Inhaltsverzeichnis nach diesem Schema erstellen.

Nehme dir erst einmal die Kapitel vor und baue so den Weg vom Problem zur Lösung. Auf die Einleitung gehe ich gleich noch näher ein. Anhaltspunkte können dir hier Inhaltsverzeichnisse ähnlicher Bücher bei Amazon Kindle geben.

Natürlich spielt hier auch eine Rolle, welche Informationen du im Laufe deiner Recherche zusammengetragen hast, denn die müssen ja sinnvoll und an der richtigen Stelle im Text untergebracht werden.

Hast du deine Kapitel in einer sinnvollen Reihenfolge zusammengestellt, nehme dir jetzt ein Kapitel nach dem anderen vor und teile es in einzelne Unterkapitel auf.

Auch hier nimmst du am besten erst einmal alle Informationen, die zu diesem Kapitel passen und sortierst sie in einer logischen Reihenfolge.

Lese dir dann die einzelnen Informationen der Reihe nach noch einmal durch und schreibe anschließend in Stichpunktform eine Liste mit einzelnen Fragen auf, die deine Informationen beantworten. Diese Fragen sind die Basis deiner Unterkategorien, die du jetzt, falls nicht schon geschehen, noch einmal in eine logische Reihenfolge bringen solltest.

Wichtig ist zum Schluss, die Fragen in personalisierte Antworten umzuformen.

Beispiel:

- Die Frage – Helfen tägliche Fußbäder gegen Fußschweiß?
- Die Antwort, wenn es so ist: So helfen tägliche Fußbäder gegen deinen Fußschweiß.
- Die Antwort, wenn es nicht so ist: Darum helfen tägliche Fußbäder nicht gegen deinen Fußschweiß.

Zwei Teile deines Inhalts sind besonders wichtig. Das ist zum einen die Einleitung und zum anderen das Schlusswort.

Auf beide Teile gehe ich deshalb hier noch einmal näher ein.

Die Einleitung

Die Einleitung ist einer der wichtigsten Bereiche, wenn nicht sogar der wichtigste Bereich deines Buches. Von deiner Einleitung und vom Verkaufstext hängt es ab, ob der Kunde bei Amazon, der sich für dein Thema interessiert, dieses Buch kauft. Auf den Verkaufstext kommen wir später noch zu sprechen.

Die Einleitung ist der Bereich, den dein zukünftiger Leser sich im „Blick ins Buch" ansehen kann, ohne schon dein Buch zu kaufen. Deshalb muss dein Leser sich schon in deiner Einleitung wiederfinden.

Als ideal hat sich erwiesen, wenn das Problem, über das du schreibst, auch dein eigenes Problem war. So kannst du in der Einleitung über deine Leidensgeschichte schreiben und dein Leser erkennt sich schon auf den ersten Seiten wieder.

Neben der Beschreibung, wie es dir ergangen ist, bevor du die Lösung des Problems gefunden hast, solltest du dann auch genau beschreiben, wie glücklich und befreit du heute ohne dieses Problem bist.

Natürlich funktioniert diese Vorgehensweise auch bei Ratgebern, bei denen es nicht direkt um Problemlösungen geht. Nehmen wir einmal an, du schreibst ein Buch über die Möglichkeit, Gemüse auf dem eigenen Balkon anzubauen.

Auch hier kannst du beschreiben, wie du früher mit geschmacklosem Supermarktgemüse deinen Salat zubereitet hast und wie toll heute der Salat mit selbst gezogenen Möhren, Tomaten, und Feldsalat schmeckt. Das soll natürlich nur ein Beispiel sein.

Das Schlusswort

In der Einleitung hast du deinem Leser mit

deutlichen Worten gezeigt, wie schmerzhaft sein Problem ist und wie wichtig es ist, dieses Problem so schnell wie möglich aus der Welt zu schaffen.

Im Schlussteil kennt dein Leser die Lösung seines Problems und du solltest ihm hier das Gefühl vermitteln, wie großartig das ist.

Gehe hier noch einmal grob auf den Weg ein, wie der Leser seine Lösung gefunden hat und welche Erleichterungen er während dieses Weges schon erfahren hat.

Sage hier klar, wie du dich darüber freust, ihm oder ihr geholfen haben zu können.

Im Schlusswort, wenn dein Leser dir absolut dankbar für deine Hilfe ist, solltest du auch um eine Rezension bitten.

Neben den Marketingfaktoren Cover, Titel, Blick ins Buch, Klappentext und Buchbeschreibung, die wir später noch eingehend besprechen, sind Rezensionen sehr wichtig für dein Buch.

Rezensionen, also Bewertungen von Lesern, kommen aber selten von allein. Du kannst davon ausgehen, dass bestenfalls 5 von 100 Lesern bereit sind, dir eine gute Rezension zu schreiben.

Anders ist es, wenn du mit deinem Buch keine Punktlandung vollziehst, sondern dein Leser enttäuscht davon ist. Denn bei enttäuschten Lesern schreibt jeder 2. eine schlechte Rezension und das ist vernichtend für dein Buch. Bestseller ade.

Da du aber ein sehr gutes Buch schreibst, das genau den Erwartungen deines Lesers entspricht, ist es absolut legitim, ihn zu bitten, dir eine ehrliche Rezension zu schreiben.

Schreib dir einen Leitfaden

So, jetzt hast du dein Inhaltsverzeichnis, und das braucht ja nun einmal jedes Buch.

Die Arbeitsgrundlage für das Schreiben allerdings ist die Liste mit Fragen, aus denen du dein Inhaltsverzeichnis zusammengestellt hast.

Warum ist das so? Weil der Text, mit dem du jede einzelne Frage beantwortest, am Ende dein Buch ausmacht.

Baue dir daher gleich am Anfang auf einem Zettel ein zusätzliches Inhaltsverzeichnis, das nicht aus deinen Kategorien und den Unterkategorien besteht, sondern aus den Fragen, die du zu diesen Bereichen gefunden hast.

Diese Liste ist dein Leitfaden, nach dem du dein Buch schreibst. Denn in dieser Liste finden sich alle Fragen wieder, die dein Leser von dir beantwortet haben will.

Bei den Hauptkategorien sollte deine Fragestellung noch recht allgemein sein. Sie sind sozusagen die Einleitung zu den Unterkategorie-Fragen.

Ein Beispiel, um beim Thema Fußschweiß zu bleiben:

- Hauptkategorie: Helfen Hausmittel in Fußbädern gegen Fußschweiß?
  - Hier kannst du ganz allgemein darauf eingehen, dass Fußbäder helfen und warum. Und erklären, dass es Hausmittel gegen fast jedes Leiden gibt.

- Unterkategorien:
  - Helfen Fußbäder mit Alkohol gegen Fußschweiß?
  - Helfen Fußbäder mit Salz gegen Fußschweiß?
  - Helfen Fußbäder mit Mundwasser gegen Fußschweiß?
  - Helfen Fußbäder mit Backpulver und Teebaumöl gegen Fußschweiß?

Du wirst schnell merken, wie genial das ist. Denn du versetzt dich mit jeder Frage in die Lage deines Lesers. Du kannst gar nicht anders, als jede Frage gezielt und genau zu beantworten, und du wirst förmlich dazu gezwungen, während der Beantwortung weitere Informationen im Internet zu suchen, damit du die Frage so optimal wie möglich beantworten kannst.

Du musst also nichts weiter tun, als alle Fragen, die du stellvertretend für deinen Leser stellst, zu beantworten. Und gerade das ist es ja, was dein Leser sucht. Antworten auf seine Fragen.

Diese Vorgehensweise hat den großen Vorteil, dass du den Text deines Buches nicht von Anfang bis zum Ende der Reihe nach fortschreiben musst.

Denn die Reihenfolge spielt keine Rolle.

Du kannst, je nachdem, was dir gerade einfällt oder worauf du Lust hast, wahllos erst diese und dann jene Frage beantworten.

Noch ein Tipp: Schreibe so schnell du kannst.

Warum solltest du deine Texte besonders schnell schreiben? Weil du dann nicht über jedes Wort nachdenkst.

Ein gutes Buch ist wie ein Gespräch zwischen dir und deinem Leser. Deshalb verwende ich in meinen Büchern auch gern die Du-Form.

Dieses Buch hier soll ein Gespräch zwischen uns beiden sein, in dem ich dir zeige, wie du dein Ziel, ein eigenes Buch zu schreiben, ohne große Schwierigkeiten erreichen kannst.

Ich schreibe mir dieses Buch „von der Seele". Das heißt, ich schreibe so als wenn ich zu dir spreche. Würde ich mir jedes Wort dieses Gesprächs sorgfältig überlegen, jedes Wort auf die Goldwaage legen, käme ein Text heraus, den niemand, auch du nicht, lesen wollte.

Deshalb schreibe ich frei von der Leber weg zügig immer das, was mir gerade einfällt und schaue erst, wenn ich einen Abschnitt fertig habe, ob das auch Sinn macht, was ich da geschrieben habe.

Auch Fehler werden erst dann behoben, wenn ich den Text überprüfe. Würde ich Fehler nach jedem Satz kontrollieren, wäre mein Schreibfluss und somit auch mein Gedankenfluss unterbrochen.

Übrigens:

Ich weiß, dass ich mit meinen Beispielen zum Fußschweiß ein eher anrüchiges Thema gewählt habe. Ich bin beim Schreiben dieses Buches auch nur zufällig darauf gestoßen.

Es scheint mir aber sehr gut geeignet, denn ich kann mir gut vorstellen, welchen Leidensweg jemand hinter sich hat, der dieses Problem hat.

Deshalb scheint es mir als Beispiel bestens geeignet.

Und das erstaunliche ist, es gibt am heutigen Tag nicht ein eBook oder Taschenbuch im Amazon Kindle Shop darüber. Lediglich eine Audio-CD kann man kaufen.

Ich kann mir aber auch nicht vorstellen, dass dieses Thema keinen interessiert. Du vielleicht?

10 wichtige Regeln für einen guten Schreibstil

Wie ich schon sagte, solltest du dein Buch so schreiben, als würdest du deinem Leser gegenüber sitzen und mit ihm sprechen.

Und das ist dann auch schon Regel 1:

Schreibe so, wie dir der Schnabel gewachsen ist

Schreibe so, wie du sprichst. Versuche nicht, dich besonders schlau auszudrücken, denn Klugscheißer mag keiner. Denke immer daran, dein Leser soll dich als Freund erkennen. Wenn du deinem Freund ständig überheblich kommst, dann war es das schnell mit der Freundschaft.

Schreibe also für deinen Leser und nicht, um dich selbst als Mister Allwissend darzustellen.

Schreibe möglichst kurze Sätze

Eigentlich müsste ich jetzt rot werden. Denn die Sache mit den kurzen Sätzen ist so ein Problem für mich. Ich erwische mich immer wieder, das Komma auf Komma folgt.

Würdest du so eine Unterhaltung führen? Komma an Komma, total verschachtelte Sätze? Eher nicht. Kurze Sätze sind verständlicher.

Versuche deshalb, Sätze mit weniger als 20 Worten zu schreiben. Das wird vielleicht nicht immer gehen, du solltest das aber so oft wie möglich beachten.

Benutze einfach, verständliche, kurze Wörter

Gerade bei Ratgebern verfällt man schnell in eine Fachsprache. Besonders dann, wenn du tatsächlich von vorn herein Ahnung vom Thema hast. Dein Leser hat dieses Wissen aber noch nicht, sonst würde er ja nicht nach einem Buch suchen, mit dem er sich das Wissen aneignen kann.

Verwende daher nur Fach- oder Fremdwörter, wenn du deren Bedeutung genau kennst und wenn du sicher sein kannst, dass sie auch dein Leser versteht.

Schreibe in der Sprache deines Lesers

Einer der größten Fehler vieler Autoren ist, dass sie die Sprache ihrer Leser nicht treffen. Du kannst einen Menschen nur dann erreichen, wenn du ihn da abholst, wo er sich befindet.

Gerade gestern habe ich mir wieder einmal eine politische Diskussion im Fernsehen angesehen. Eigentlich hatte ich mir zu Sylvester vorgenommen, das nicht mehr zu tun. Ich muss zugeben, gestern bin ich rückfällig geworden. Und das war auch gut so. Denn es gibt keine bessere Möglichkeit festzustellen, wie es ist, wenn Menschen ihre Zielgruppe nicht erreichen.

Politiker sind hier das beste Beispiel. Sie reden und reden, streiten mit dem politisch eigentlich gar nicht so Andersdenkenden und ich frage mich jedes Mal, was das denn soll.

Sie erreichen mich nicht. Sie reden an dem, was mich berührt, was mich interessiert, vorbei. Sinnloses Geschwafel.

Pass unbedingt auf, dass es dir mit deinem Buch nicht auch so geht. Denn das schlägt sich sofort in den Bewertungen nieder. Und dein Buch wird keinen Leser mehr finden und dann auch kein Geld verdienen.

Schreibe in der Sprache deines Lesers und löse die Fragen und Probleme, die dein Leser hat. Dann bist du auf dem richtigen Weg.

Schreibe für deine Zielgruppe

Wie du deine Zielgruppe findest, haben wir ausgiebig besprochen. Behalte daher die Person, die deine Zielgruppe ausdrückt, immer im Blick.

Du erinnerst dich? Meine Zielperson ist 30 – 45 Jahre alt, zum überwiegenden Teil männlich, verheiratet, hat 2 Kinder einen Job im Büro usw. usw. usw.

Ich hoffe, bei dir liege ich nicht allzu sehr daneben.

Wenn du Schwierigkeiten hast, dir deine Zielperson vorzustellen, dann besorge dir ein Bild dieser Person. Einfach aus der Zeitung oder aus einer Illustrierten ausschneiden.

Stelle dir das neben deinen Monitor, so hast du deine ideale Zielperson immer vor Augen.

Schreibe so schnell wie möglich

Schreibe so schnell wie möglich, wie dir der Schnabel gewachsen ist. Versuche dabei, immer eine feste Zeit durchzuhalten. Wie lang diese Zeit ist, musst du für dich herausfinden.

Bei mir sind 25 Minuten. Es kann aber auch sein, dass es bei dir 60 Minuten sind. Probiere es einfach aus.

Nach dieser Zeit machst du eine Pause. Hol dir einen Kaffee, einen Tee oder mach einfach nur die Augen zu. Danach geht es wieder von vorn los.

Digitaler Küchenwecker von Amazon.de unter https://amzn.to/2Hq8yPE

Damit ich diesen festen Zeitabschnitt auch wirklich einhalte, habe ich mir einen digitalen Küchenwecker gekauft. Der zählt die Minuten rückwärts und meldet sich, wenn die Zeit abgelaufen ist. Und er kostet nur ein paar Euro.

Ein schöner Nebeneffekt ist, dass ich so eine kleine Strichliste führe und jeden Tag exakt weiß, wie viel Minuten ich tatsächlich geschrieben habe. Da kommt dann einiges zusammen.

Mache viele kleine Absätze

Ich sehe manchmal Bücher, bei denen eine ganze Seite hindurch nicht ein einziger Absatz zu finden ist. Spätestens nach der halben Seite sind meine Augen müde. Für mich sind solche Seiten der reinste Horror.

Ich habe es mir deshalb zur Regel gemacht, dass bei meinen Büchern nach jedem Gedankengang ein Absatz folgt. Und das solltest du auch so halten.

Ideal ist es, wenn deine Absätze aus 3 – 8 Zeilen bestehen. Das lässt sich gut lesen und dein Leser findet auch schnell den Einstieg, wenn er das Buch einmal zur Seite gelegt hat.

Benutze „visuelle" Wörter

Versuche deine Worte so zu wählen, dass vor den Augen deines Lesers ein Bild entsteht. Versuche also, dass „Kopfkino" deines Lesers anzuwerfen.

Das erreichst du mit Sätzen wie: „Wenn dein Buch ein Bestseller ist, wird dein Einkommen durch die Decke gehen."

Das ist vielleicht etwas übertrieben. Es soll dir auch nur zeigen, wie aus Worten Bilder entstehen.

Streiche, was doppelt oder überflüssig ist

Der Text, den du auf dem Bildschirm siehst, wenn du dein Frage-Inhaltsverzeichnis abgearbeitet hast, ist noch nicht dein fertiges Buch.

Was du da vor dir hast, ist ein Manuskript. Ein Roh-Text, den du erst noch zu einem geschliffenen Buch machen musst.

Das beginnt damit, dass du dir alles noch einmal durchliest und wegstreichst, was doppelt oder unnötig ist. Das heißt nicht, dass du Dinge, die besonders wichtig sind, im Laufe des Buches nicht auch einmal wiederholen darfst.

Dein Leser soll aber auf keinen Fall den Eindruck haben, dass du den Text streckst, um viele Seiten zu erzeugen nur um so ein dickes Buch zu erhalten.

Leider sieht man das sehr oft gerade bei eBooks mit wenig Worten. Da wird dann auch gern einmal die Schriftgröße angehoben und der Zeilenabstand verdoppelt.

Bleibe ehrlich, dein Leser wird es dir danken. Und der soll ja auch dein nächstes Buch kaufen und lesen wollen.

Baue beim Schreiben eine Freundschaft auf

Ich hab's ja eben schon angedeutet: Dein Leser soll ein Fan von dir werden. Das erreichst du zum Beispiel, wenn du Bücher mit ähnlichen Themen schreibst. Kennst du jemanden, der nur einen Band von Harry Potter gelesen hat? Ich nicht. Wer da einen gelesen hat, hat auch die anderen gekauft.

Zugegeben, bei Sachbüchern ist das nicht ganz so einfach wie bei Krimis oder Phantasy, in denen immer wieder derselbe Held ein spektakuläres Abenteuer nach dem anderen erlebt.

Trotzdem kannst du dir auch beim Schreiben von Sachbüchern einen Namen als absoluter Fachmann auf deinem Gebiet machen.

Wenn du zum Beispiel leidenschaftlicher Golfer bist, kannst du eine stattliche Serie von Büchern schreiben. Angefangen beim Golfen für Anfänger über verschiedene Techniken und deren Wirkung auf dein Spiel bis hin zu den schönsten Golfplätzen Europas oder der Welt.

Ich verstehe leider gar nichts von Golf, habe aber sehr viel Erfahrung sammeln dürfen, wie man auf vielfältige Weise Geld im Internet verdienen kann. Und daher ist das auch mein Hauptthema.

Spätestens, wenn dein Leser das Buch gelesen hat

und alle seine Fragen beantwortet sind, wenn also sein Problem durch dein Buch gelöst ist, fühlt er sich dir dankbar und in Freundschaft verbunden. Und er wird sich dafür interessieren, welche Bücher du sonst noch geschrieben hast.

Bei mir, wie gesagt ist es das Thema Geld. Dieses Thema ist vielschichtig. Geld fehlt in vielen Bereichen und es gibt viele Möglichkeiten, welches zu verdienen. Raum für eine ganze Reihe von Büchern. Beachte das bitte auch bei deiner ersten Themenwahl.

Motivation ist alles

Ich hatte es am Anfang ja schon einmal erwähnt, das Schreiben ist Schwerstarbeit. Wenn ich dir auch hier einen Weg zeige, wie du dir diese Schwerstarbeit durch die Frage / Antworttechnik deutlich erleichtern kannst.

Das große Problem beim Schreiben eines Buches sind die vielen Vorarbeiten und Recherchen, die nötig sind, um alle Informationen zusammen zu tragen. Wenn das erst einmal getan ist, hast du schon die halbe Miete.

Ich mache es mir da noch schwerer, denn ich teste jede Art; Geld zu verdienen ausgiebig selbst und schreibe nur darüber, wenn es wirklich funktioniert.

Derzeit zum Beispiel arbeite ich an meinem nächsten Buch, das davon handelt, wie man Network Marketing ausschließlich über Facebook betreiben kann. Kein Produktverkauf, keine Verkaufspartys, keine Meetings und keine Jubelveranstaltungen. Und, für mich besonders wichtig, keine Namensliste und kein Anquatschen von Freunden, Nachbarn und Verwandten. Eine tolle Sache, die sich bisher sehr gut anlässt. Wenn dich das interessiert bevor das Buch auf den Markt kommt, schreib mir gerne eine Mail.

Doch das nur nebenbei.

Nach der ausgiebigen Recherche ist es nötig, täglich, auch wirklich täglich zu schreiben. Ich starte da immer mit meinem digitalen Küchenwecker. Du erinnerst dich?

Ein Druck auf den Einschaltknopf und die Zeit verrinnt unweigerlich. Glaub mir, das hilft. Wenn ich erst einmal beim Schreiben bin, flitzen die Finger nur so über die Tasten. Die Zeit vergeht wie im Fluge.

Ich habe den großen Vorteil, dass ich das Schreiben liebe. Das war schon früher in der Grundschule so. Meine Diktate waren ein Graus, aber meine Aufsätze wurden gelobt.

Es hat allerdings viele Jahrzehnte gedauert, bis ich wieder angefangen habe zu schreiben. Und noch weitere Jahre, bis mir jemand gezeigt hat, dass ich meine Texten bei Amazon Kindle völlig kostenlos und absolut ohne jedes Risiko veröffentlichen kann. Und gutes Geld verdiene ich auch noch damit.

Beides ist zu meiner Hauptmotivation geworden. Und ich denke, das kann und sollte auch deine Motivation sein.

Es ist ganz einfach:

- Sei ständig auf der Suche nach geeigneten Ideen für ein Buch. Glaube mir, es gibt tausende Probleme und Millionen Menschen, die nach Lösungen suchen.

Mache dir Notizen. Immer wenn dir ein Thema einfällt, schreib es dir auf. So hast du schnell eine Liste mit vielen Themen.

- Entscheide dich für das Thema, das dich besonders stark anspricht. Dann kannst du es kaum erwarten, deine Recherchen zu machen. Solltest du am Anfang noch nicht alle Informationen haben, ist das nicht so schlimm. Du kannst auch während des Schreibens noch recherchieren. Allerdings dauert die Arbeit an deinem Buch dann länger.

- Wenn dich dein Thema brennend interessiert, hast du keine Probleme täglich zu schreiben. Dann schaffst du locker ein Buch mit 13.000 bis 15.000 Worten in 4 Wochen.

Wenn diese Punkte zutreffen, muss dich niemand motivieren. Denn mit der richtigen Wahl deiner Themen motivierst du dich selbst.

Geld regiert die Welt. Diesen Spruch kennst du bestimmt. Viele Menschen gehen täglich einer Arbeit nach, zu der sie keine Lust haben. Ihre Arbeit ist für sie eine Belastung und nicht wenige werden krank davon. Aber sie müssen arbeiten, um leben zu können.

Wie großartig ist es da, eine Beschäftigung zu

haben, die einem Freude macht. Eine Beschäftigung, die nicht nur Hobby oder Freizeitausgleich ist, sondern mit der du auch noch Geld verdienen kannst.

Das Schreiben von Büchern ist so ein Ausgleich. Und er kann schnell zum Haupterwerb werden, wenn du die richtigen Themen findest und nach der Anleitung in diesem Buch selbst gute und sehr gute Bücher schreibst.

Sicher, Geld ist nicht alles. Wichtig für dich ist, wofür du das Geld verwenden willst. Dieses **WOFÜR** ist deine wichtigste Motivation.

Es gibt eBook Autoren, die verdienen bei Amazon mit nur einem Buch über Tausend Euro im Monat. Das ist, zugegeben, die Ausnahme. Mit einem guten Buch zu einem gefragten Thema, das viele gute Bewertungen bekommt, kann aber jeder 100,00 – 200,00 und auch mehr Euro im Monat verdienen.

Das tolle ist, du musst dieses Buch nur einmal schreiben. Einmal 4 Wochen intensiv daran arbeiten. Dann verdient dieses Buch jeden Monat Geld für dich. Einfach so, ohne weiteres Zutun.

Während dein Buch Geld verdient, schreibst du das nächste. Jeden Monat eins. Du kannst dir selbst ausrechnen, wann du so viel Bücher hast, dass du deinen Job an den Nagel hängen kannst.

Aber vielleicht machst du deine Arbeit ja auch gern und hättest Lust auf mehr Geld nebenbei. Für schönen Urlaub, für eine schönere Wohnung, für mehr Lebensqualität oder als späteren Zusatz für deine Rente?

Was auch immer deine Motivation ist, führe sie dir ständig vor Augen. Das treibt dich an, erfolgreich zu werden. Schreibe dir deinen Haupt-Motivationsgrund auf einen Zettel und klebe ihn dir unten an deinen Monitor. So weißt du immer, warum du vor dem Bildschirm sitzt.

Ohne Disziplin geht es nicht

Wenn die Motivation stimmt, kommt die Disziplin von ganz allein. Alle erfolgreichen Menschen auf der Welt haben ihre Ziele nur durch Disziplin erreicht. Es gibt unzählige Bücher darüber.

Disziplin ist nichts anderes, als zur richtigen Zeit die Dinge zu tun, die wichtig sind. Doch die wenigsten Menschen tun das, was gerade wichtig ist. Sie lassen sich treiben, sie trauen sich nicht, sie finden unzählige Ausreden.

Was denen bleibt, ist zu bereuen, was sie im Leben alles nicht erreicht haben.

Eine immer anzuwendende Erfolgsformel ist:

- Du musst wissen, was du willst, was dein Ziel ist.

- Du musst wissen, warum du dein Ziel erreichen willst.

- Du musst aktiv werden, um dein Ziel zu erreichen.

- Du musst dir das Gefühl vorstellen können, das du hast, wenn du dein Ziel erreichst.

Wenn du es nicht schaffst, aktiv zu werden, ist dein Ziel, dein „Warum" zu klein. Dann hilft auch alle Motivation nicht.

Dein Buch überarbeiten

So, nach diesem kleinen Ausflug zur Motivation soll es jetzt wieder um dein Buch gehen.

Du hast es in der Roh-Form fertig, hast alle Fragen deines Leitfadens beantwortet und alle fehlenden Informationen ergänzt. Damit hast du die schwerste Arbeit hinter dir.

Achte auf die logische Reihenfolge

Jetzt geht es daran, noch einmal genau zu schauen, ob die logische Reihenfolge stimmt. Mir geht es oft so, dass ich da noch etwas ändere. Weniger in der Reihenfolge der Hauptkategorien, oft aber in der Reihenfolge der Unterkategorien. Wichtig dabei ist unbedingt der logische Aufbau.

Du kennst das sicher, wenn eine Frage beantwortet ist, tut sich oft eine weitere auf. Nach deren Beantwortung dann wieder eine usw.

Wenn hier die Reihenfolge nicht logisch ist, entsteht ein Bruch und dein Leser verliert den roten Faden. Das darf nicht passieren. Versetze dich beim Lesen daher immer in die Rolle deines noch unwissenden Lesers.

Streiche Unnötiges

Jetzt ist auch die richtige Zeit, unwichtige Dinge wegzustreichen. Bist du irgendwo vom Thema abgekommen? Ist der eine oder andere Satz nicht wichtig? Dann streiche ihn. Ich bin sicher, da wirst du einiges finden.

Denke immer an die Frage und, ob das Geschriebene diese Frage auch wirklich exakt beantwortet. Ohne Umschweife, ohne abzuschweifen, kurz und bündig. Das ist es, was dein Leser erwartet.

Rechtschreibung und Satzbau

Rechtschreibung und Satzbau sind für vielen Kindle eBook Autoren ein Problem. Denn fachmännische Korrektur ist ziemlich teuer.

Oft werden da Preise von 3 -4 Cent je Wort verlangt und da kommen bei einem Buch wie diesem hier mit über 20.000 Worten schnell 600,00 bis 800,00 Euro zusammen.

Viel kann man da auch selbst machen. Oder Freunde, idealerweise einen befreundeten Deutschlehrer bitten, das Buch einmal durch zu lesen.

Das meist gebrauchte Schreibprogramm ist Microsoft Word. Hier findest du schon einmal eine Rechtschreibprüfung.

Als Erweiterung zu Word gibt es ein Korrekturprogramm namens Duden Korrektor.

Den Duden Korrektor findest du unter
https://www.epc.de/unsere-loesungen/der-duden-korrektor-12-0-fuer-microsoft-office

Dieses Programm kostet einmalig 79,00 Euro plus MwSt. und ist schon deutlich besser als die Word eigene Korrektur.

Eine noch bessere Empfehlung ist, auf MS Word zu verzichten und gleich ein Schreibprogramm zu wählen, das speziell für Autoren entwickelt wurde.

So ein Programm ist Papyrus Autor. Es hat großartige Möglichkeiten, die speziell auf Autoren zugeschnitten sind und einen sehr guten Korrekturmodus mit sehr guter Überprüfung der Kommaregeln.

Website von Papyrus Autor unter
https://www.papyrus.de/

Wenn du also professionell Bücher schreiben und damit Geld verdienen willst, ist dieses Programm genau richtig für dich.

Ich habe meine Bücher bisher mit MS Word geschrieben. Auch dieses hier. Als Ergänzung habe ich mir nach dem zweiten Buch den Duden Korrektor für 79,00 Euro gekauft und jetzt habe ich mir gerade Papyrus Autor bestellt.

Denn mir MS Word war die Korrektur auch mit Duden-Korrektor recht aufwändig. Und trotz dieses Aufwands habe ich immer noch Fehler übersehen.

Papyrus Autor jedoch hat einen Lektorats-Modus

und ich hoffe, damit geht es dann einfacher. Einmalig 179,00 Euro sind auch deutlich günstiger als jedes Mal einen Lektor zu bezahlen.

Inhaltsverzeichnis einfügen

Jedes Buch braucht ein Inhaltsverzeichnis und gerade für dein eBook ist es besonders wichtig. Denn in einem eBook ist es möglich, per Link direkt aus dem Inhaltsverzeichnis zu dem Kapitel zu springen, das dein Leser gerade lesen will.

Das Inhaltsverzeichnis kannst du ganz einfach anlegen. Ich zeige dir das hier in Microsoft Word, dem Programm, das ich für dieses Buch hier und wohl auch die meisten von euch zum Schreiben benutze. In Open Office geht das aber sicher genauso oder ähnlich.

Das Inhaltsverzeichnis kommt in meinen Büchern immer direkt nach der Titelseite und dem Urheberrecht-Hinweis, den ich am Anfang des Buches und am Ende einfüge. Manchmal kommt, wie in diesem Buch hier, noch eine Widmung dazu.

Für das Inhaltsverzeichnis schaffst du eine leere Seite, indem du am Ende der letzten Seite davor, also zum Beispiel der mit der Widmung, die Taste „Strg" und „Return" gleichzeitig drückst.

So entsteht ein Seitenumbruch, den du auch nach jedem Kapitelende setzen solltest.

Jetzt befindest du dich auf einer neuen Seite deines

Word-Dokuments. Klicke da bitte mit dem Cursor hinein.

Jetzt klickst du im oberen Word-Menü auf „Referenzen" und siehst dann ganz links den Button „Inhaltsverzeichnis".

Wenn du daraufklickst, öffnet sich ein Menü mit der Auswahl verschiedener Formate für ein Inhaltsverzeichnis. Ich wähle immer die erste Variante.

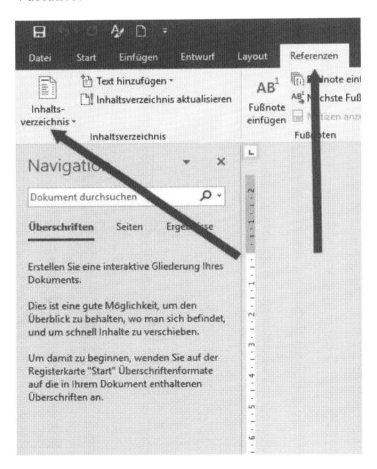

Jetzt erstellt die Word automatisch ein Inhaltsverzeichnis. Es setzt sich aus allen Überschriften und Unterüberschriften deines eBook-Dokuments zusammen.

Dabei werden die Kapitelüberschriften, für die du H1 wählen solltest, angezeigt und die Unterüberschriften, für die du H2 wählen solltest, sind seitlich etwas nach rechts gerückt.

```
• Inhalt
Vorwort .................................................................. 4
Finanzielle Freiheit ................................................. 9
Aktives und passives Einkommen ......................... 11
    Finanzielle Freiheit mit aktivem Einkommen? ..... 11
    Finanzielle Freiheit mit passivem Einkommen .... 12
Warum sich eBooks so gut als passive Einkommensquelle eignen ... 13
Was ist eigentlich ein eBook ................................ 16
Ohne sorgfältige Recherche solltest du nicht beginnen ... 18
    Amazon hilft dir, Nischen zu finden ................... 18
    Was bedeutet der Amazon-Bestseller-Rang (ABSR) ... 24
    Kann ich mit meinem Thema Geld verdienen? .... 26
    Keyword-Suche und Mitbewerber-Vergleich ....... 29
```

Beispiel eines Inhaltsverzeichnisses

Die Seitenzahlen sind für dein eBook nicht relevant, da sich die Seiten ja abhängig von dem Gerät, auf dem das eBook dargestellt wird, verändern.

Auf einem Laptop wird pro Seite mehr Text abgebildet als auf einem Tablet oder einem Handy. Deshalb entfernt Amazon in deinem eBook die Seitenzahlen automatisch.

Für das Taschenbuch, das du ja auch noch veröffentlichen solltest, sind diese Zahlen aber wichtig. Doch dazu später mehr.

Dein Buch-Marketing

Unter Buch-Marketing verstehen wir alles, was entscheidend dafür ist, dass dein Buch auch wirklich im Amazon Kindle Shop gefunden und dann auch gekauft wird.

Hier sind einige Dinge zu beachten und es gibt mehrere Stellschrauben, mit denen du nach und nach den Verkauf optimieren kannst.

Bevor es aber darum geht, dein Buch-Marketing im Einzelnen vorzubereiten, muss dein Text erst noch mit einigen Dingen komplettiert werden.

Grundsätzlich sind da bei einem eBook 4 Dinge und bei einem Taschenbuch 5 Dinge zu beachten:

- **Das Cover** (das ist das Bild deines Buches, dass dein zukünftiger Leser im Kindle Shop sieht).

- **Der Titel** (der deinen zukünftigen Leser neugierig machen muss)

- **Der Blick ins Buch** (das ist der Text, den dein zukünftiger Leser als Auszug aus deinem Buch zu sehen bekommt).

- **Der Klappentext** (das ist dir Rückseite deines Taschenbucheinbandes, die ebenfalls neugierig machen soll).

- **Die Buchbeschreibung** (das ist der Verkaufstext für dein Buch, dem dein Leser nicht widerstehen kann).

Ein Cover, das ein echter Hingucker ist

Das Cover, gemeint ist damit erst einmal das kleine Bild, das man bei Amazon sieht, wenn man dein Buch findet, ist der wichtigste Bestandteil deines Buches gleich nach deinem Text.

Viele behaupten sogar, es wäre wichtiger als der Buch-Text selbst, da das Cover das erste ist, was den Leser und Käufer veranlasst, sich näher mit deinem Buch zu beschäftigen.

Verschiedene Coverbeispiele auf Amazon.de

Gerade beim Cover werden die meisten Fehler gemacht, da viele Kindle-Autoren sich das selbst mit einem Grafikprogramm zusammenschustern und ihr Buch dann bei Amazon ein Mauerblümchen-Dasein fristet. Gerade im Bereich der Ratgeberbücher sind die meisten Cover absolut langweilig.

Schau dir zuerst einmal die Cover an, die andere verwenden, die zum gleichen oder einem ähnlichen Thema schreiben. So hast du schon einmal den ersten Eindruck, wie die meisten Cover aussehen.

Vermeide dann, dich diesem Einheitsbrei anzuschließen. Denn dein Cover soll und muss sich von den anderen abheben.

Gehe dabei auch einmal in den englisch sprachigen Bereich unter Amazon.com und schau dir da die Bücher deines Themas an. Wenn du Probleme mit der englischen Sprache hast, findest du unter https://translate.google.com/?hl=de eine Möglichkeit, auf einfach Weise deutsche Worte ins Englische zu übersetzen.

Website des Google Übersetzers unter
https://translate.google.com/?hl=de

Dein Cover muss sofort Aufmerksamkeit erregen. Es muss sich deutlich von der breiten Masse der anderen Bücher deiner Kategorie abheben und neugierig machen. Deshalb rate ich dir, für dein Cover ruhig Geld auszugeben und nicht selber daran zu basteln. Es sei denn, du hast viel Erfahrung im Umgang mit Grafikdesign und verfügst über ein gutes Grafikprogramm wie zum Beispiel Adobe Photoshop.

Sicher, ein guter Cover Designer kostet einiges an Geld. Dafür bekommst du aber auch Qualität, die sich schon schnell bezahlt machen wird.

Es gibt Plattformen im Internet, auf denen du gute Cover Designer finden kannst.

Hier zwei gute Beispiele:

https://99designs.de/ebook-cover-design

https://www.designenlassen.de/ebook-cover-design

Für weniger Geld bekommst du Cover bei:

https://www.machdudas.de/jobber/neu

https://www.fiverr.com/

Wähle aber nie den billigsten und verabrede, dass du mehrere Vorschläge bekommst, um dich dann für den besten zu entscheiden.

Oftmals wird in Facebook Gruppen, die sich mit Selfpublishing, also mit dem selbst veröffentlichen von Büchern, beschäftigen, von dem einen oder anderen das Designen von Covern angeboten. Schau dir da unbedingt bereits erstellte Arbeiten an, die zu deinem Thema passen.

Wenn du gar kein Glück mit einem guten Designer hast oder dir erst einmal das Geld fehlt, um ein perfektes Cover zu kaufen, kannst du auch erst einmal die Hilfe von Amazon annehmen.

Amazon bietet dir in deinem KDP-Mitgliederbereich bei der Einstellung deines eBooks die Möglichkeit, mit dem Kindle Cover Designer auf recht einfach Art ein Cover zu erzeugen.

Dazu findest du ein Video auf der KDP Hilfeseite: https://kdp.amazon.com/de_DE/help/topic/G201834290

Der Coverdesigner von Amazon.de

Hier wird dir erklärt, wie du ein recht ansehnliches

Cover selbst erstellen kannst. Aber das wird sicher nicht an ein Cover herankommen, dass dir ein guter Designer anfertigt.

Du kannst jedoch dein eBook Cover und auch dein Taschenbuch Cover jederzeit nachträglich in deinem KDP Mitgliederbereich ändern. Wenn du also das erste Geld verdient hast …

Was du auf jeden Fall machen solltest ist, dir ein professionell erstelltes Bild für dein eBook zu kaufen.

Kaufe unbedingt ein professionelles Bild

In der Regel haben Cover bei Amazon ein Bild als Grundlage. Das muss nicht unbedingt sein, hat aber meiner Meinung nach den Vorteil, dass du mit einem Foto oder einer guten Grafik schnell ein Gefühl herüberbringen kannst.

Nun kannst du natürlich nicht einfach ein Bild aus dem Internet kopieren und für dein Cover verwenden. Auch bei Bildern besteht ein Urheberrecht und es gibt jede Menge Rechtsanwälte, die Tag ein, Tag aus das Internet durchforsten, um unrechtmäßigen Gebrauch von Bildern teuer abzumahnen. Gerade im Amazon Kindle Shop werden sie immer wieder fündig.

Deshalb solltest du dein Bild bei einer Internet Bild Agentur kaufen, die dir dann auch die Lizenz zum Gebrauch des Bildes überträgt. Dieses Bild solltest du dann dem Designer übermitteln, der dein Cover erstellt.

Oft bieten gerade Designer aus den benannten Facebook Gruppen das Bild gleich mit an. Diese haben in der Regel ein Abo bei einer Bild Agentur und du kannst dir dort ein Bild aussuchen, das er verwendet.

Lass die Finger davon! Eine Bildlizenz ist nicht übertragbar. Wenn du eine Abmahnung bekommst, kannst du keine eigene Lizenz vorweisen und bist der Gelackmeierte.

Ich kaufe meine Bilder bei Adobe Stock:
https://stock.adobe.com/de/

Abbildung Webseite Adobe Stock

Allerdings musst du da nach der kostenlosen Anmeldung ein Kontingent an Credits kaufen, mit denen du dein Bild dann bezahlst.
Das kleinste Credit-Paket kostet 39,95 Euro plus MwSt. und beinhaltet 5 Credits. Ein Cover-Bild sollte die ungefähre Größe von 1000 x 1500 Pixel haben, damit es in bester Qualität abgebildet wird.

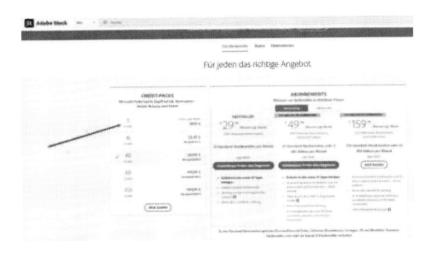

Wenn Du mehrere Bücher schreiben oder schreiben lassen willst, lohnt sich sicher auch ein größeres Paket oder sogar ein Abo, bei dem Du z.B. für 29,99 Euro plus MwSt.10 Bilder pro Monat erhältst.
Für ein Cover solltest du nur Bilder wählen, die eine vertikale Ausrichtung haben, also hochkant abgebildet sind. Diese Einstellung kannst du vorwählen.

Wenn du Freunde oder die Familie an der Auswahl deines Cover-Bildes beteiligen möchtest, kannst du die ausgewählten Bilder aber auch erst einmal in einer geringen Qualität als kostenlose Layout-Bilder downloaden.

Jedes Bild, das Du im Internet findest, ist mit einem Copyright geschützt. Wenn Du geschützte Bilder einfach verwendest, kannst Du eine teure Abmahnung bekommen. Bei Adobe Stock wird dir das Recht am Bild übertragen. Was du damit machen darfst, wird in einer Lizenz geregelt.

Neben Bildern, die du kaufen musst, gibt es auch kostenlose Bilder im Internet, die keinem Copyright unterliegen. Trotzdem kommt es immer wieder einmal vor, dass Fotographen, die ihre Bilder einer Plattform für kostenlose Bilder zur Verfügung stellen, später, wenn jemand das Bild für kommerzielle Zwecke nutzt, auf einen Anteil am Gewinn klagen. Deshalb ist hier Vorsicht geboten.

Kostenlose Bilder gibt es zum Beispiel bei:
https://pixabay.com/

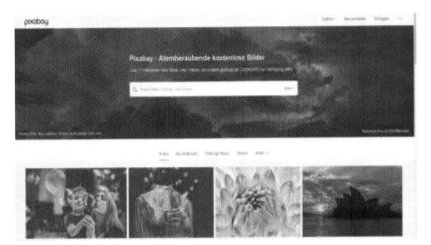

Abbildung Webseite Pixabay.com

Du wirst aber schnell merken, dass die Bilder bei Pixabay.com bei Weitem nicht die Qualität haben, die du bei Adobe Stock bekommst.

Ein weitere, sehr gute Adresse ist:

https://de.depositphotos.com/

Abbildung Webseite deporitphotos.com

Dort findest du die mit Abstand besten und professionellsten Bilder. Aber leider musst du da ein Abo abschließen, dass dir eine gewisse Zahl an Bilder pro Monat zur Verfügung stellt.

Ein Titel, der neugierig macht

Nachdem der Kunde auf das Cover aufmerksam geworden ist, ist der Buchtitel das Nächste, was er sieht. Wenn der nicht dazu auffordert, sich näher mit deinem Buch zu beschäftigen, war es das und der Kunde wendet sich einem anderen Buch zu.

Deshalb ist dein Buchtitel das Wichtigste gleich nach deinem Coverbild.

Wie schon gesagt, dein Buchtitel muss neugierig machen. Und er muss gerade bei einem Sachbuch schon aussagen, dass dein Buch die Lösung für ein Problem bietet.

Auch hier gibt es natürlich mehrere Wege, um zu einem schlagkräftigen Titel zu kommen.

Wandele erfolgreiche Titel ab

Zum Glück musst du auch hier nicht das Rad neu erfinden. Viele erfolgreiche Buchtitel lassen sich so umwandeln, dass sie auch für dein Buch passen.

So lese ich gerade den Buchtitel „Nie wieder Pickel – Pickel vermeiden auf natürliche Weise". Dieser Titel lässt sich gut auf unser Schweißfuß-Thema abändern:

„Nie wieder Schweißfüße – Schweißfüße vermeiden auf natürliche Weise".

Vielleicht findest du aber noch einen besseren Titel. Probiere es aus, suche dir mehrere Titel-Varianten und lass unter Freunden abstimmen, welcher Titel den einzelnen am besten anspricht.

Such die wichtigsten Keywords (Suchworte) zu deinem Thema

Welche Worte oder Sätze würdest du in die Google Suche oder bei Amazon eingeben, um Beiträge zu deinem Thema zu finden? Setzt dich einmal in Ruhe hin und schreibe dir so viele Suchworte oder Suchwortgruppen auf wie möglich.

Solltest du damit Schwierigkeiten haben, findest du im Internet Hilfe. Hier gibt es einige Keyword Tools, die dir helfen, die wichtigsten Suchworte zu deinem Thema zu finden.

Ich zeige dir hier zwei Möglichkeiten, die ich besonders gern nutze.

Das ist zum einen der Keywordtooldominator unter https://www.keywordtooldominator.com/

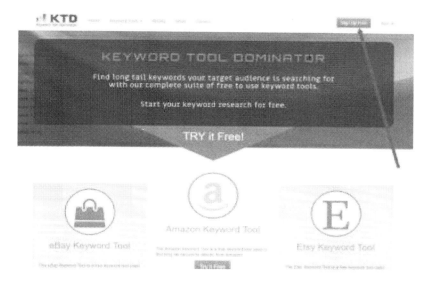

Mit einem Klick auf „Sign Up Free" kannst du dich hier kostenlos anmelden und den Keywordtooldominator nutzen. Leider ist die kostenlose Version auf 3 Suchen alle 24 Stunden eingeschränkt. Aber 3 Suchen für einen Titel sollten eigentlich reichen.

Während du ohne eine Anmeldung 3 verschiedene Suchvarianten hast, bietet dir dieses Keyword Tool nach der Anmeldung 7 Variationen.

Ich empfehle dir das Amazon Keyword-Tool und das Google Autocomplete Keyword-Tool zu nutzen.

Webseite des Keywordtooldominators nach dem Anmelden und Einloggen
https://www.keywordtooldominator.com/

Wenn du so eine größere Anzahl an Keywords gefunden hast, kommt meine 2. Empfehlung zum Einsatz.

Dabei handelt es sich um ein Keyword-Fragen Tool, das du unter http://www.wrel.de/keywordfragen/ findest.

Es wandelt die einzelnen Keywords in Fragen um, die im Internet oft gestellt werden. So findest du nicht nur Fragen, die auch dein Leser stellen würde, sondern auch noch Ideen für Kapitel oder Unterkapitel, auf die du selbst noch nicht gekommen bist.

In meinem Fall sind das:

- Schweißfüße bei Babys

- Warum haben Babys Schweißfüße?
- Schweißfüße Hund
- Schweißfüße Einlagen
- Wie riechen Schweißfüße?
- usw.

Ein wahrer Ideen-Pool, der sich da auftut und auf den du nicht verzichten solltest.

Die Ergebnisse, die du mit diesen beiden Webseiten, erhältst, brauchen wir später noch, wenn es darum geht, eine Buchbeschreibung zu verfassen, die deinen Kunden zum Kaufen zwingt.

Die perfekte Buchbeschreibung

Die Buchbeschreibung ist der eigentliche Verkaufstext für dein Buch. Hier hast du die Möglichkeit, mit handfesten Argumenten deinen Interessenten davon zu überzeugen, dass er ohne dein Buch für immer mit seinem Problem leben muss. Oder, falls es sich zum Beispiel um Sachbüchern über Hobbys handelt, nie die Perfektion erreicht, die er sich wünscht.

Für die Buchbeschreibung stellt dir Amazon 4000 Zeichen zur Verfügung. Die solltest du auch so gut wie möglich ausnutzen.

So sieht die perfekte Buchbeschreibung aus

Die perfekte Buchbeschreibung ist neben dem Cover und dem Titel der Bereich, in dem du deinem Interessenten ein Verkaufsargument nach dem anderen liefern solltest.

Schon beim Lesen sollte er das Gefühl bekommen, ohne dein Buch seine dringendsten Fragen nie beantwortet zu bekommen. Das ist wie beim Angeln. Der Wurm muss so groß sein, dass der Fisch auch wirklich zuschnappt.

Hier kommt dir zugute, dass du am Anfang, bevor du das Schreiben begonnen hast, deine Zielgruppe und deine Zielperson so genau wie irgend möglich herausgefunden hast.

Das Geheimnis ist: Vorteil, Vorteil, Vorteil.

Nimm dir deinen Leitfaden und liste am besten mit Bullet-Points eine Antwort nach der anderen auf. Am besten in logischer Reihenfolge, wie du auch dein Buch geschrieben hast.

Beispiel:

In diesem Buch zeige ich Dir/Ihnen wie Du/Sie:

- Antwort auf Frage 1
- Antwort auf Frage 2
- Antwort auf Frage 3
- Antwort auf Frage 4
- Antwort auf Frage 5
- Antwort auf Frage 6
- Antwort auf Frage 7
- Antwort auf Frage 8

- usw. usw. usw.

Ob du das Du oder das Sie verwendest, hängt zum einen von deinem ganz persönlichen Gefühl ab und zum anderen auch davon, welches Thema du behandelst. Wichtig ist dabei immer, dass du die positive Wirkung deines Buches herausstellst.

Mache auch immer klar, wie dein Leser am Ende des Buches dasteht.

- Aus Angst wird Zuversicht
- Aus Schmerz wird Freude
- Aus Abneigung wird Liebe
- Aus Versagen wird Erfolg

Auch deine Buchbeschreibung braucht eine Überschrift (Headline), die sitzt. Suche dir auch hier mehrere Varianten und frage Freunde, welche die Beste ist.

Bei Amazon sind Rezensionen besonders wichtig. Denn hier schreiben Leser, ob und was ihnen an deinem Buch gefallen hat oder nicht. Positive Rezensionen eignen sich durchaus auch für deine Buchbeschreibung. Meist sind die ohnehin anonym. Sollte einmal ein Rezensent seinen vollen Namen angeben, solltest du ihn natürlich kürzen. Mehr als 2-3 Rezensionen sollten es aber nicht sein.

Emotionen sind wichtig. Schreibe einen emotionalisierenden Text. Beschreibe die Probleme, das Leiden deines Lesers noch einmal gefühlvoll und mache deutlich, dass du ihm mit diesem Buch helfen wirst, sein Problem aus der Welt zu schaffen.

Sage ihm ganz klar, für wen dieses Buch geschrieben ist und für wen nicht.

Dieses Buch ist für Menschen, die

- ihre Schweißfüße endlich loswerden wollen.

- keine vorwurfsvollen Blicke mehr wollen, wenn sie mit anderen längere Zeit in geschlossenen Räumen sind.

- Die nicht mehr flüchten wollen, wenn sie in fremden Wohnungen die Schuhe ausziehen sollen.

- Die endlich wieder ein geliebter Teil dieser Gesellschaft seien wollen.

Dieses Buch ist nicht geeignet

- für Menschen, die nicht bereit sind, konsequent dieses oder jenes zu tun.

- Denen es egal ist, ob ihre Füße stinken oder nicht.

- Die der Meinung sind, die anderen könnten ja den Raum verlassen, wenn es ihnen hier nicht gefällt.

Ich weiß, diese Beispiele sind sehr provokant, sollen dir aber verdeutlichen, worum es geht.

Dein zukünftiger Leser wird sich mit Sicherheit bei jedem dieser Punkte wiedererkennen. Zum einen will er der sein, für den dieses Buch genau das richtige ist und zum anderen will er genau das nicht sein, was ihn davon abhalten könnte, dieses Buch zu kaufen.

Kurz vor dem Schluss solltest du deinem Kunden unbedingt klar sagen, dass der Kauf deines Buches **kein Risiko** darstellt. Jeder, der etwas kaufen will, hat das Gefühl, er geht dabei ein Risiko ein. Das geht dir sicher genauso.

Dein Kunde hat bei Amazon das Recht, den Kauf innerhalb von 14 Tagen rückgängig zu machen. Darauf solltest du noch einmal ausdrücklich hinweisen, bevor du deinem Kunden sagst, dass er kaufen soll.

So zerstreust du die letzten Zweifel und deutlich mehr Leute kaufen dein Buch als ohne diesen Hinweis. Das Rückgaberecht haben sie ohnehin, auch wenn du nicht ausdrücklich darauf hinweist.

Danach - das darfst du nicht vergessen - solltest du deinen Interessenten unbedingt dazu auffordern, jetzt gleich den Bestellbutton zu drücken, damit er sofort die Lösung bekommt, die er sucht.

Viele neue Leser wissen nicht, was ein Kindle eBook eigentlich ist und wie man es lesen kann. Deshalb solltest du am Ende noch einmal klarstellen, dass, ein Kindle eBook mit jedem PC, Laptop, eBook Reader oder Handy gelesen werden kann. Das passende Leseprogramm kann kostenlos bei Amazon unter dem Link

https://amzn.to/2CciMNL

heruntergeladen werden.

Buchbeschreibung optimieren

Du kannst in deinem KDP Account jederzeit Änderungen an der Buchbeschreibung vornehmen. So kannst du problemlos mehrere Überschriften nach und nach testen, bis du die beste gefunden hast.

Überhaupt ist testen eine der wichtigsten Dinge für dich.

Das gilt nicht nur für die Buchbeschreibung, sondern auch für den Blick ins Buch, um den es gleich geht.

Der Blick ins Buch

Den Blick ins Buch habe ich dir ja schon gezeigt, als es darum ging, dir Ideen zu deinem Inhaltsverzeichnis zu holen. Ideen wohlgemerkt, nicht abkupfern. Du schreibst DEIN BUCH und nicht das Buch eines anderen. Dein Buch muss sich von anderen unterscheiden. Es muss besser sein, wenn es ein Bestseller werden soll.

Einfach nur abschreiben reicht da nicht. Abgesehen davon, dass es rechtlich auch nicht zulässig ist. Genauso wie dein Buch urheberrechtlich geschützt ist, sind auch die Bücher anderer urheberrechtlich geschützt. Und das ist auch gut so.

Jetzt geht es aber auch nicht um den Blick ins Buch anderer, sondern um deinen eigenen Blick ins Buch.

Für jedes Buch, das im Amazon Kindle Shop angeboten wird, erstellt Amazon einen „Blick ins Buch", damit der Kunde die ersten Seiten des Buches sehen kann und so einen Eindruck davon bekommt, was er im Buch vorfindet und wie der Autor schreibt.

In der Regel sollen das 10% des Buches sein, ich bin mir aber nicht sicher, ob das immer zutrifft. Scheinbar richtet sich das in erster Linie nach der Seitenzahl.

Da du bei einem eBook DIN A4 Seiten in den Download gibst, ist der Blick ins Buch meist kürzer als bei deinem Taschenbuch, denn dort sind die einzelnen Seiten deutlich kleiner und somit die Gesamtzahl der Seiten entsprechend größer. Das ist zumindest meine Erfahrung.

Darum ist der „Blick ins Buch" so wichtig

Nach deinem Cover, deinem Titel und der Buchbeschreibung ist der „Blick ins Buch" das nächste, was sich dein zukünftiger Leser anschaut. Deshalb muss der erste Teil deines Buches deinem Leser unmissverständlich klar machen, dass er hier die Lösung seines Problems findet.

Natürlich darf da nicht schon die Lösung stehen. Aber du musst ihm auf diesen Seiten deutlich klarmachen, welches Gefühl er hat, wenn er am Ende deines Buches die Lösung findet.

Dabei hilft dir auch dein Inhaltsverzeichnis, das deinem Leser die einzelnen Schritte zur Lösung aufzeigt.

Dein Klappentext beim Taschenbuch

Eine ähnliche Bedeutung wie der Verkaufstext hat

auch der Text auf der Rückseite deines Taschenbuchs. Denn auch den Text kann ein potentieller Kunde lesen, bevor er dein Buch kauft.

Dein Taschenbuch wird, genauso wie dein eBook, mit dem Coverbild angezeigt. Da ein Bucheinband eine Vorder- und eine Rückseite hat, musst du für ein Taschenbuch nicht nur, wie beim eBook, die Frontseite des Covers erstellen, sondern auch den Buchrücken und die Buchrückseite, auch Klappe genannt.

Ein guter Designer liefert dir nicht nur das Cover für dein eBook, sondern auf Wunsch auch gern das Cover für dein Taschenbuch mit Buchrücken und Rückseite. Dazu muss er aber genau wissen, wie breit dein Buchrücken ist. Denn dieses Maß ist abhängig von der Seitenzahl deines Buches.

Ich persönlich benutze für mein Taschenbuch-Cover die von KDP selbst angebotene Möglichkeit, mit Hilfe meines professionellen eBook Cover Bildes selbst ein Taschenbuch Cover zu erstellen.

Das kannst du machen, während du dein Taschenbuch in KDP hochlädst.

Beispiel für den Klappentext eines meiner Bücher mit dem KDP Coverdesigner erstellt

Da es in diesem Buch in erster Linie darum geht, wie du ein Buch schreibst, soll ein Hinweis auf die KDP Hilfeseite genügen.

Zum Thema „Cover erstellen findest" du ein Video auf der KDP Hilfeseite:
https://kdp.amazon.com/de_DE/help/topic/G201834290

Ausführliche Informationen darüber, wie du dir einen Account bei Amazon KDP einrichtest und alle technischen Informationen, die erforderlich sind, um dein eBook oder Taschenbuch zu veröffentlichen, findest du in meinem Buch „Passives Einkommen durch Kindle eBook schreiben: Wie du mit dem Schreiben oder Schreiben lassen von eBooks und Taschenbüchern finanziell frei und unabhängig wirst". Hier der Link dazu:

https://amzn.to/2BcG4mR

Dieses Buch hier ist sozusagen der 2. Teil, in dem ich direkt auf das Schreiben von Büchern eingehe. Ein oft ausgesprochener Wunsch vieler meiner Leser.

Sicher hast du das auch in der Buchbeschreibung zu diesem Buch gelesen.

Rezensionen

Rezensionen oder Bewertungen sind enorm wichtig für dein Marketing. Denn mit den Rezensionen beurteilen Menschen, die dein Buch gekauft und gelesen haben, die Qualität deiner Arbeit.

Rezensionen sind allerdings nicht leicht zu bekommen. Die Erfahrung zeigt, dass maximal 5 von 100 Käufern dir eine gute Rezension schreiben.

Bei den schlechten Rezensionen ist das anders. Enttäuschte Leser sind deutlich öfter bereit, etwas Negatives zu deinem Buch zu schreiben. Daher ist es wichtig, dass du dein eBook so perfekt wie möglich schreibst und erst dann veröffentlichst, wenn es wirklich perfekt im Inhalt ist und keine groben Rechtschreib- und Grammatikfehler mehr enthält.

Wie schon bemerkt, sind gute Rezensionen nicht leicht zu bekommen. Da sie aber so immens wichtig sind, solltest du am Anfang Freunde, Bekannte und auch Familienmitglieder bitten, dein Buch zu kaufen und nach dem Lesen eine Rezension zu schreiben. Das ist absolut in Ordnung. Das Rezensieren setzt allerdings ein Konto bei Amazon voraus, auf dem schon für mindestens 50,00 Euro eingekauft wurde.

Außerdem dürfen die Familienmitglieder nicht dieselbe Adresse wie du haben und dürfen die Rezension nicht von der gleichen IP-Adresse aus versenden. Diese Rezensionen erkennt Amazon nicht an.

Schaffe dir so die ersten 10 – 12 Bewertungen. Damit hast du eine gute Ausgangsbasis für die kommende Zeit.

Wichtig:

Auch deine Freunde, Bekannten und Verwandten müssen eine ehrliche Rezension hinterlassen. Wird ein Buch bejubelt, dass eigentlich grottenschlecht ist, geht auch das schnell nach hinten los. Denn es fordert unzufriedene Leser geradezu heraus, sich zu beschweren.

Du wirst derartige Rezensionen immer wieder finden:

Ich habe mir dieses Buch aufgrund der vielen positiven Bewertungen gekauft und bin zutiefst enttäuscht...

Wie umgehen mit unbegründeten, schlechten Bewertungen?

Es kommt immer wieder vor, dass Mitbewerber, also Autoren, die zum gleichen Thema schreiben, dein Buch kaufen, um es mit einer schlechten Bewertung am Start zu hindern. Bei mir ist das regelmäßig so.

Da steht dann zum Beispiel:

Ich habe dieses Buch voller Vorfreude gekauft. Als es nach ein paar Tagen da war begann ich gleich zu lesen. Die Euphorie war ganz schnell verflogen, ich lese viele Bücher und gelegentlich ist da auch mal Müll dabei aber das ist noch mal eine ganz andere Liga. Ich habe noch nie so ein schlechtes Buch gelesen...

Was soll man dazu sagen? Gerade dieses Buch hat derzeit 136 Bewertungen. 81% 5 Sterne, 9% 4 Sterne, 4% 3 Sterne, 2% 2 Sterne und 4% 1 Stern.

Es ist mein Buch „Passives Einkommen durch Kindle eBook schreiben", anerkannt das beste Buch, das zu diesem Thema auf dem Markt ist und hat schon sehr viel Lob erhalten. Es hat nicht umsonst fast dauerhaft die Bestseller-Auszeichnung.

Die 6% schlechteren Bewertungen kommen garantiert von Mitbewerbern. Doch miese Rezensionen machen deren Bücher auch nicht besser.

Du kannst dich natürlich gegen unsachgemäße oder gar total falsche Behauptungen wehren. Aber die Leute schreiben dann schon so, dass sie unangreifbar sind. Wie das obere Beispiel zeigt.

Da hilft nur eins: Lach darüber.

Jetzt aber wieder zum Wichtigsten, deinem Buch.

Unterschiedliche Formatierung von eBook und Taschenbuch

Dein eBook kann auf verschiedene Weise gelesen werden. Das ist möglich mit:

- einem Computer,
- einem Laptop,
- einem Tablet,
- einem eBook Reader,
- oder mit einem Handy.

Die Voraussetzungen dafür, dass dein eBook auch wirklich auf diesen verschiedenen Geräten perfekt dargestellt wird, schafft Amazon.

Amazon bietet dir auch ein Programm an, auf dem du das kontrollieren kannst.

Dieses Programm heißt Kindle Previewer.

Informationen und den Download zum Kindle Previewer gibt es hier:
https://kdp.amazon.com/de_DE/help/topic/G202131170

So formatierst du ein eBook

Ich zeige dir hier das Formatieren der Texte für ein eBook und ein Taschenbuch anhand des Schreibprogramms Word von Microsoft.

Denn dieses Programm ist das am häufigsten verwendete und so ziemlich auf allen Computern, Laptops, Tablets und sogar auf vielen Handys schon vorinstalliert.

Solltest du nicht über Word verfügen, kannst du auch mit dem Schreibprogramm von Open Office arbeiten.

Downloadseite von Open Office unter
https://www.openoffice.org/de/download/index.html

Bevor du mit dem Formatieren beginnst, besser sogar schon vor dem eigentlichen Schreiben, solltest du bei Word die Formatierungszeichen einschalten.

Formatierungszeichen in MS Word einschalten

Dein eBook schreibst du ganz normal im Format DIN A4. Ob bei dir die DIN A4 Seite eingestellt ist, siehst du, wenn du oben im Menü auf „Layout" klickst und dann auf „Format".

Diese Einstellung brauchen wir später noch beim Taschenbuch, denn das hat ein anderes Format. DIN A4 würde ja auch schlecht in die Tasche passen.

Wichtig beim eBook und auch beim Taschenbuch ist, dass du die Überschriften der Kapitel in der Überschrift H1 formatierst und die Überschrift der Unterkapitel in H2.

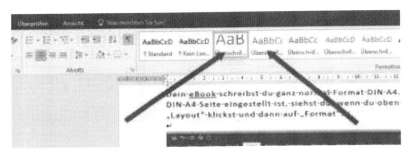

Links die H1 Überschrift, rechts die H2 Überschrift.

Aus den Überschriften setzt sich dann dein Inhaltsverzeichnis zusammen. Dieses Inhaltsverzeichnis kannst du schon während des Schreibens sehen, wenn du im oberen Menü von MS Word bei „Ansicht" ein Häkchen bei „Navigationsbereich" setzt.

Ein weiterer Vorteil ist, dass du so bequem von einem Punkt deines Buches zum anderen kommst.

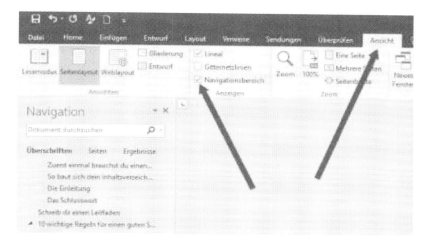

Einschalten der Navigation, die das spätere Inhaltsverzeichnis darstellt

Beim Formatieren deines eBooks gibt es neben den Überschriften nicht viel zu beachten. Wichtig ist nur Folgendes:

Den Text solltest du linksbündig ausrichten. Denn den Blocksatz, den wir später beim Taschenbuch verwenden, erstellt Amazon von sich aus.

Zusätzlich solltest du, wenn ein neuer Absatz beginnen soll, nur weiche Zeilenumbrüche verwenden.

Den weichen Zeilenumbruch erreichst du, wenn du die „Hochtaste", mit der du große Buchstaben wählst und die „Return Taste gleichzeitig drückst.

> Zusätzlich solltest du, wenn ein neuer Absatz beginnen soll, nur weiche Zeilenumbrüche verwenden. Wenn du da harte Zeilenumbrüche wählst, rückt Amazon die erste Zeile des neuen Absatzes etwas ein, was ich persönlich nicht schön finde.

Weicher Zeilenumbruch

Wenn du da harte Zeilenumbrüche wählst, rückt Amazon die erste Zeile des neuen Absatzes etwas ein, was ich persönlich nicht schön finde.

> Beim Formatieren deines eBooks gibt es neben den Überschriften nicht viel zu beachten. Wichtig ist nur folgendes:
> Den Text solltest du linksbündig ausrichten. Denn den Blocksatz, den wir später beim Taschenbuch verwenden, erstellt Amazon von sich aus.

Harter Zeilenumbruch mit folgender Einrückung (die drei Punkte siehst du dann aber nicht.

Am Ende eines jeden Kapitels solltest du dann noch einen Seitenumbruch machen, damit das nächste Kapitel wieder mit einer neuen Seite beginnt.

Aber bitte nur, wenn ein Kapitel zu Ende ist und nicht, wenn ein Unterkapitel zu Ende ist.

```
neuen·Seite·beginnt.↵
↵
Aber·bitte·nur,·wenn·ein·Kapitel·zu·Ende·ist·und·nicht,·wenn·ein·
Unterkapitel·zu·Ende·ist.·↵
↵
¶
------------Seitenumbruch------------¶
```

Seitenumbruch

Den Seitenumbruch erreichst du, wenn dir die „Strg-Taste" und die „Return-Taste" gleichzeitig drückst.

So erstellst du dein Taschenbuch

Eines vorweg. Der Text zur Formatierung deines Taschenbuchs ist ein Auszug aus meinem Buch „Passives Einkommen durch Kindle eBook schreiben". Dort wird das Thema ebenfalls behandelt und ich spare es mir, alles noch einmal zu schreiben.

Ein richtiges Buch in den Händen zu halten ist am Ende doch etwas anderes, als eBook Texte auf dem PC, dem Laptop oder anderen Geräte zu lesen.

Und so ein selbst geschriebenes Taschenbuch ist auch für dich als Autor eine ganz andere Hausnummer, wenn es um dein Selbstwertgefühl geht. Glaube mir das.

Nun denkst du bestimmt, das wird dich viel Geld kosten. Falsch gedacht, denn auch hier übernimmt Amazon, wie bei deinem eBook, die gesamten Kosten einschließlich des Versands. Dich kosten die Erstellung und der Druck deines Buches keinen Cent. Du musst nicht hunderte Bücher vorher kaufen, im Keller lagern und selbst verkaufen.

Jedes bestellte Buch wird erst dann gedruckt, wenn es verkauft ist. Diese Form der Buch-Erstellung nennt man „Print on Demand". Daher musst du keine Pflichtabnahme tätigen, wie das früher einmal bei den Verlagen so war.

Es besteht also nicht das Risiko, dass du mehrere hundert Bücher in der Garage hast, für die du viel Geld ausgegeben hast und die du dann an deine Freunde und Verwandte verkaufen musst.

Den Preis für dein Buch kannst du selbst bestimmen. Das gilt auch für dein eBook. Amazon zieht davon die Mehrwertsteuer und die Kosten für den Druck beim Taschenbuch oder der Erstellung der verschiedenen Varianten für das eBook ab.

Den Rest teilt Amazon mit dir. Im besten Fall 70% für dich und 30% für Amazon. Für die 30% übernimmt Amazon die Werbung und den Verkauf komplett für ich. Da musst du dich um nichts kümmern.

Ist das nicht ideal?

Doch nun zu Erstellung deines Taschenbuchs.

Ich beschreibe dir auch hier die Vorgehensweise anhand von Microsoft Word, da ich dieses Programm hier selbst zum Schreiben benutze und die meisten von Euch werden das wohl auch tun. Mit Open Office geht es aber sicher genauso.

Mein nächstes Buch schreibe ich dann wohl mit Papyrus Autor, in der Hoffnung, dass das Endergebnis noch professioneller wird als dieses hier.

Zuerst einmal rufst du in deinem Textverarbeitungs-programm ein neues Dokument auf, nennst es „Dein

Buchtitel – Taschenbuch" und speicherst dieses leere Dokument schon einmal.

Word öffnet dir immer ein Dokument in der Größe DIN A4. Das kannst du zum Schreiben eines eBooks durchaus verwenden, da Amazon die Größe immer automatisch zu dem Gerät einstellt, mit dem du das eBook liest. Auf einem Handy wird natürlich weniger Text je Seite abgebildet als auf einem Tablet oder einem PC.

Ein Taschenbuch hat allerdings eine feste Größe, die deutlich kleiner ist als DIN A4. Deshalb musst du die Größe deines Text Dokuments gleich noch verändern.

Vorher öffnest du bitte zusätzlich in Word noch das Textdokument deines eBooks und klickst mit der Maustaste einfach in den Text. Drücke dann die „Strg-Taste und gleichzeitig a". Jetzt ist der ganze Text mit allen Bildern grau invertiert und du kannst mit „Strg und gleichzeitig c" alles in den Zwischenspeicher verschieben.

Jetzt gehst du zu deinem neuen Dokument „Dein Buchtitel – Taschenbuch" und fügst mit „Strg und gleichzeitig v" den Inhalt des Zwischenspeichers in dein Dokument ein.

Das kopierte Dokument hat jetzt das Format DIN A4 und muss noch in das Format für dein Taschenbuch abgeändert werden.

Dazu rufst du oben im Menü den Punkt „Layout" auf, gehst auf „Format" und wählst in dem sich öffnenden Menü ganz unten den Punkt „weitere Papierformate..."

Jetzt öffnet sich ein Popup-Fenster, in das du das Format des Taschenbuchs eintragen solltest.

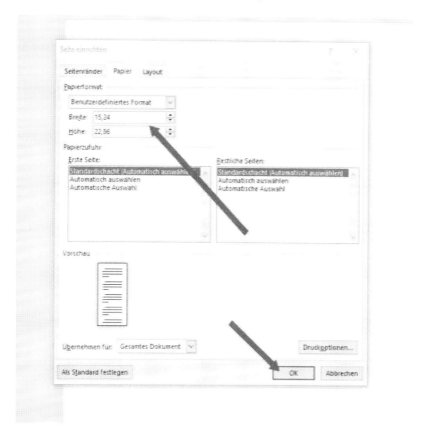

Popup-Fenster zur Formateinstellung bei Microsoft Word

Die Maße, die du hier einträgst, sind:

- Breite 15,24 cm
- Höhe 22,86 cm

Diese Maße hat ein herkömmliches Taschenbuch bei Amazon.de

Anschließend klickst du auf „OK".

Du siehst jetzt, dass die Textansicht deutlich schmaler geworden ist und die Seitenzahl hat sich deutlich erhöht.

Schalte jetzt bitte noch die Navigation ein, wie wir es beim eBook besprochen haben und dann geht es daran, das Taschenbuch perfekt zu formatieren.

Das Taschenbuch formatieren

Da dein eBook auf verschiedenen Geräten gelesen werden kann, baut Amazon es so um, dass es auf jedem Gerät optimal dargestellt wird.

Dein Taschenbuch jedoch lädst du später als PDF-Datei hoch. Dadurch bleibt das Aussehen genauso, wie du es erstellst.

Deshalb musst du deinen eBook Text jetzt noch so formatieren, dass er für ein Taschenbuch geeignet ist. Aber keine Sorge, dass schaffst du leicht.

Damit du die einzelnen Formatierungszeichen siehst, solltest du auch hier folgende Darstellung einschalten.

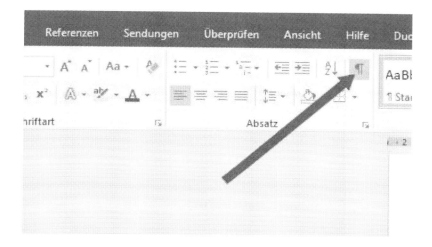

Einschalten der Formatierungszeichen in Microsoft Word

Folgende Punkte sind wichtig:

Schriftart einstellen – für ein Taschenbuch bietet sich die Schriftart „Times New Roman" an. Diese Schrift wird am häufigsten verwendet und liest sich besonders gut.

Auch hier wieder mit „Strg und a" den gesamten Text auswählen und die Schriftart abändern.

Die Schriftgröße – Als Schriftgröße solltest du die Größe von 10 Pixel verwendet. Einige Kindle Autoren, meist die, die Bücher mit wenig Worten veröffentlichen, wählen gern größere Schriften, um die Seitenzahl ihres Taschenbuchs zu erhöhen. In den Rezensionen wird dann aber deutlich, dass Leser da gar nichts von halten. Das kannst du auch wieder für das gesamte Dokument tun.

Klicke jetzt bitte im oberen Menü von Word auf „Home" und dann bei den Überschriften mit der rechten Maustaste auf die Überschrift H1. In dem sich öffnenden Menü stellst du für die Überschrift H1 die Größe 20 Pixel ein. Das gleiche machst du für die Unterüberschrift H2. Hier stellst du die Größe 16 Pixel ein.

Alle Überschriften in deinem Text verändern sich jetzt automatisch in die gewünschte Größe.

Blocksatz – Ein gutes Buch ist immer im Blocksatz formatiert. Dazu musst du wieder den gesamten Text auswählen (STRG + a) und den Blocksatz des Textprogrammes auswählen.

Wichtig:

Anschließend gehst du den gesamten Text durch und setzt immer in der letzten Zeile jedes Textblocks einen harten Zeilenumbruch, denn sonst wird die letzte Zeile in die Länge gezogen, bis das letzte Wort ganz rechts steht.

Falsch:

Deshalb musst du jetzt noch richtig formatieren. Damit du die einzelnen Formatierungszeichen auch siehst, solltest du die Darstellung einschalten.

Richtig:

Deshalb musst du jetzt noch richtig formatieren. Damit du die einzelnen Formatierungszeichen auch siehst, solltest du die Darstellung einschalten.

Den harten Zeilenumbruch erreichst du, wenn du die „Return-Taste" drückst.

Die Überschriften sind können manchmal ebenfalls noch im Blocksatz dargestellt sein. Da solltest du ebenfalls einen harten Zeilenumbruch setzen.

Ich zentriere die Überschriften immer, ich finde das schöner. Aber das ist natürlich Geschmacksache.

Seitenumbrüche setzen – Es ist üblich – und macht das Buch auch übersichtlicher – wenn jedes neue Kapitel auch mit einer neuen Seite beginnt. Deshalb solltest du vor jeder neuen Haupt-Überschrift einen Seitenumbruch setzen. Aber das haben wir ja auch schon für das eBook getan.

Einen Seitenumbruch erreichst du, indem du die „Strg-Taste" und die „Return-Taste" gleichzeitig drückst.

Das Inhaltsverzeichnis erneuern – durch das neue Seitenformat ändern sich natürlich auch die Seitenzahlen des Inhaltsverzeichnisses, das du ja am Anfang mit kopiert hast.

Deshalb musst du das alte Inhaltsverzeichnis noch löschen und wieder neu einfügen.

Dazu klickst du wieder oben im Menü auf „Referenzen".

Gehe dann zu deinem Inhaltsverzeichnis im Text und klicke mit der Maus in den Text. Jetzt wird das Inhaltsverzeichnis invertiert dargestellt.

Sollte das nicht der Fall sein, gehe mit dem Cursor zum ersten Wort und ziehe dann mit gedrückter, linker Maustaste den Cursor bis zum Ende des letzte Wortes. Jetzt sollte das gesamte Inhaltsverzeichnis markiert sein.

```
Inhalt
Vorwort ............................................................................... 4
Finanzielle Freiheit ............................................................. 9
Aktives und passives Einkommen .................................. 11
    Finanzielle Freiheit mit aktivem Einkommen? ........... 11
    Finanzielle Freiheit mit passivem Einkommen .......... 12
Warum sich eBooks so gut als passive Einkommensquelle eignen ... 13
Was ist eigentlich ein eBook ............................................ 16
Ohne sorgfältige Recherche solltest du nicht beginnen ... 18
    Amazon hilft dir, Nischen zu finden ............................. 18
    Was bedeutet der Amazon-Bestseller-Rang (ABSR) ... 24
    Kann ich mit meinem Thema Geld verdienen? ........... 26
    Keyword-Suche und Mitbewerber-Vergleich ............... 29
```

Nun klickst du oben links wieder auf den Button „Inhaltsverzeichnis" und kannst in dem sich öffnenden Menü ganz unten „Inhaltsverzeichnis entfernen" anklicken.

Ist das Inhaltsverzeichnis jetzt entfernt, klickst du einfach wieder auf das erste automatische

Inhaltsverzeichnis und du erhältst eine aktualisierte Version.

Bilder anpassen

Wenn du, wie ich in diesem Buch, Bilder eingefügt hast, musst du diese noch in die passende Größe bringen. Das geht ganz einfach, indem du auf das Bild klickst und dann dem Mauspfeil (Cursor) an einem Eckpunkt ansetzt und das Bild durch schieben zum Mittelpunkt verkleinerst. Aber das kennst du sicher.

Bild verkleinern

Seitenzahlen setzen

Dein Taschenbuch braucht, anders als es bei deinem eBook der Fall ist, feste Seitenzahlen. Denn hier kann der Leser nicht über einen Link die einzelnen

Kapitel erreichen, sondern muss zur passenden Seite blättern können.

Das Einfügen der Seitenzahlen ist nicht ganz einfach. Denn deine Seitenzahlen beginnen nicht mit der ersten Seite, also mit dem Buchtitel, sondern erst mit der Einleitung.

Auch ich habe da jedes Mal Probleme das richtig einzustellen und muss mich immer wieder neu informieren um das hinzubekommen. Mir hilft dabei immer ein Video, dass du unter

https://www.youtube.com/watch?v=EqjtYyGnKrQ

ansehen kannst. Folge genau dieser Anleitung und deine Seitenzahlen passen perfekt.

Deine ISBN-Nummer

Jedes gedruckte Buch muss eine ISBN-Nummer haben. Damit du die nicht kaufen musst, stellt dir Amazon beim Hochladen und Einrichten deines Taschenbuchs eine Amazon-eigene ISBN-Nummer zur Verfügung.

Verschiedene Punkte deines Taschenbuchs werden bei der Vergabe der ISBN-Nummer festgeschrieben und können nachträglich nicht mehr geändert werden.

Das sind in der Hauptsache:

- Die Sprache
- Der Buchtitel
- Der Untertitel
- Die Auflage
- Der Name des Autors
- Das Veröffentlichungsdatum
- Das Buchformat und die Einstellungen zum Druck

Sollte daran etwas zu ändern sein, musst du dein Taschenbuch unter einer neuen ISBN-Nummer noch einmal veröffentlichen und das alte Taschenbuch löschen lassen.

Rechtliche Hinweise

So, dein Buch-Text ist jetzt fertig. Du hast die ersten 10 – 20 Seiten besonders sorgfältig behandelt, da es sich hier u den Blick ins Buch handeln könnte. Und du eine umwerfende Buchbeschreibung geschrieben.

Was jetzt auf jeden Fall für dein eBook ebenso wie für dein Taschenbuch noch fehlt, sind die rechtlichen Hinweise wie:

- Urheberrecht
- Impressum mit Kontakt
- Haftung für Links (falls vorhanden)
- Haftungsausschluss
- Disclaimer (bei Themen rund um die Gesundheit)

Diese Texte wollen wir zum Schluss jetzt noch besprechen.

Eines jedoch vorweg: Die Texte, die ich dir hier zeige, sind die, die ich verwende. Ich betreibe hier ausdrücklich keine Rechtsberatung. Das kann ich nicht und das darf ich auch nicht.

Wenn du hinsichtlich deiner Rechtstexte sicher gehen willst, hole dir anwaltlichen Rat. So ein

Informationsgespräch kostet nicht die Welt.

Da diese Texte für jedes deiner Bücher gleichbleiben, musst du sie nur einmal schreiben und kannst sie immer wieder verwenden.

Außerdem sind sie bei fast allen Büchern nahezu gleich, sodass du dich vielleicht auch an anderen Büchern orientieren kannst.

Mein Vorschlag wäre, dich zusätzlich über die Bedeutung der einzelnen Texte zu informieren.

Urheberrecht

Als Urheber oder Copyright bezeichnet man den Schöpfer eines Werkes, wie dein Buch es ja ist. Der Urheber hat das Recht, über die Verwertung seines Werkes zu entscheiden.

Dein Text zum Urheberrecht kann wie folgt aussehen:

Dieses eBook ist urheberrechtlich geschützt.

Alle Rechte liegen beim Autor.

Jegliche Vervielfältigung, auch auszugsweise, durch Kopieren, Übersetzen, Speichern in Datenbänke oder elektronische Systeme sowie auf Mikrofilmen usw. ist ausdrücklich untersagt.

Zuwiderhandlung wird zivil- und strafrechtlich verfolgt.

Sie erhalten ausdrücklich kein Wiederverkaufsrecht an diesem Buch oder eBook.

Impressum mit Kontakt

Jedes Buch braucht ein Impressum mit einer ladungsfähigen Adresse. Das heißt, dein Leser muss die Möglichkeit haben, dich postalisch zu erreichen. Eine Mailadresse reicht da nicht.

Nun gibt es eine Vielzahl an Autoren, die ihre Bücher nicht unter ihrem eigenen Namen veröffentlichen, sondern ein Pseudonym verwenden. Das ist absolut in Ordnung und bei manchen Themen vielleicht auch angebracht.

Ich persönlich mache das nicht, da ich meine Bücher in einer Nische, hier „Geld verdienen im Internet" veröffentliche und meinen Namen als Marke für gute Bücher ausbaue.

Aber auch, wenn du ein Pseudonym benutzt, musst du zusätzlich deinen richtigen Namen und deine richtige Adresse im Impressum angeben.

Das könnte dann ungefähr so aussehen:

Impressum Copyright © 2022

Autor: Werner Jedermann

1. Auflage

Alle Rechte vorbehalten.

Nachdruck, auch auszugsweise verboten Kein Teil dieses Werkes darf ohne schriftliche Genehmigung des Autors in irgendeiner Form reproduziert, vervielfältigt oder verbreitet werden.

Druckerei: Amazon Media EU S.á r.l., 5 Rue Plaetis, L-2338, Luxembourg

Fotos: www.pixabay.com
Coverbild: ©shirtartanya – Fotolia.com #208280343

Covergestaltung: mwj-media

Kontakt:

Michael Jäckel
Naumburger Str. 10
31177 Harsum

Haftung für Links

Sollte dein Buch Links zu anderen Webseiten haben, macht es Sinn, auch einen Haftungsausschluss für diese Links zu veröffentlichen.

Der Text könnte folgendermaßen aussehen:

Dieses Buch / eBook enthält Links zu externen Webseiten Dritter, auf deren Inhalte wir keinen Einfluss haben. Deshalb können wir für diese fremden Inhalte auch keine Gewähr übernehmen. Für die Inhalte der verlinkten Seiten ist stets der jeweilige Anbieter oder Betreiber der Seiten verantwortlich.

Haftungsausschluss

Der Haftungsausschluss dient dazu, eventuelle Ansprüche, die sich aus der fehlerhaften Nutzung der im Buch vorgestellten Vorgehensweisen ergeben, abzuwehren. Ebenso Ansprüche, die sich ergeben könnten, wenn du etwas Falsches geschrieben hast.

Bei mir sieht das so aus:

Die Inhalte dieses Buches wurden mit größter Sorgfalt nach bestem Wissen und Gewissen erarbeitet und niedergeschrieben. Für die Richtigkeit, Vollständigkeit, Qualität und Aktualität der Informationen und Inhalte können wir jedoch keine Gewähr übernehmen. Sie spiegeln die persönliche Meinung des Autors wider.

Der Autor übernimmt daher keine juristische Verantwortung oder Haftung für Schäden, die durch eventuelle Fehler oder kontraproduktive Ausübung durch den Leser entstehen. Es kann auch keine Garantie auf Erfolg übernommen werden.

Der Autor übernimmt daher keine Verantwortung für das Nicht-Erreichen der im Buch beschriebenen Ziele.

Sollten Inhalte des Buches gegen geltendes Recht verstoßen, dann bittet der Autor um umgehende Benachrichtigung. Die betreffenden Inhalte werden dann entfernt oder geändert.

Der Autor übernimmt für die Art oder Richtigkeit der Inhalte keine Garantie, weder ausdrücklich noch impliziert.

Für fehlerhafte Angaben des Autors kann keine juristische Verantwortung sowie Haftung in irgendeiner Form übernommen werden. Auch können Druckfehler und Falschinformationen nicht vollständig ausgeschlossen werden.

Disclaimer

Ein Disclaimer empfiehlt sich besonders, wenn es in deinem Buch um Gesundheitsfragen geht.

Der Disclaimer könnte so ähnlich aussehen wie:

Die hier dargestellten Inhalte dienen ausschließlich der neutralen Information und allgemeinen Weiterbildung. Sie stellen keine Empfehlung oder

Bewerbung der beschriebenen oder erwähnten diagnostischen Methoden, Behandlungen oder Arzneimittel dar. Der Text erhebt weder einen Anspruch auf Vollständigkeit noch kann die Aktualität, Richtigkeit und Ausgewogenheit der dargebotenen Information garantiert werden.

Der Text ersetzt keinesfalls die fachliche Beratung durch einen Arzt oder Apotheker und er darf nicht als Grundlage zur eigenständigen Diagnose und Beginn, Änderung oder Beendigung einer Behandlung von Krankheiten verwendet werden. Konsultieren Sie bei gesundheitlichen Fragen oder Beschwerden immer den Arzt Ihres Vertrauens!

Der Autor übernimmt keine Haftung für Unannehmlichkeiten oder Schäden, die sich aus der Anwendung der hier dargestellten Information ergeben.

Pflichtabgabe an die Deutsche Nationalbibliothek

Viele Autoren wissen nicht, dass sie von jedem Taschenbuch, das sie veröffentlichen, eine Pflichtabgabe an die Deutsche Nationalbibliothek abliefern müssen. Kindle eBooks sind dagegen nicht abgabepflichtig. Sie können aber als ePub-Format freiwillig abgegeben werden.

Die Pflichtabgabe beruht auf dem Gesetz über die Deutsche Nationalbibliothek (DNBG) vom 22.06.2006 und der Pflichtablieferungsverordnung (pflAV) vom 17.10.2008.

Die Pflichtabgabe betrifft alle gewerblichen und nichtgewerblichen Verleger, Selbst oder -Eigenverleger sowie Institute, Gesellschaften und Körperschaften, die Medienwerke verbreiten und ihren Sitz in Deutschland haben.

Wichtig zu wissen:
Dein Taschenbuch muss in zweifacher Ausführung auf eigene Kosten in einwandfreiem Zustand, also unbenutzt innerhalb einer Woche nach Erscheinen bei der Deutschen Nationalbibliothek abgeliefert

werden.

Die beiden Taschenbücher sind spätestens eine Woche nach Erscheinen an die

Deutsche Nationalbibliothek
Deutscher Platz 1
04103 Leipzig

zu senden, wenn du deinen Wohnsitz in Berlin, Nordrhein-Westfalen oder in den neuen Bundesländern hast.

Wohnst du in den anderen Bundesländern, geht deine Pflichtabgabe an die

Deutsche Nationalbibliothek
Adickesallee 1
60322 Frankfurt am Main

Solltest du dieser Abgabepflicht nicht nachkommen, droht dir ein Bußgeld in Höhe von 10.000,00 Euro. Außerdem bist du verpflichtet, auf Anfrage Auskünfte zu erteilen.

Solltest du Änderungen an deinem Taschenbuch durchführen, musst du das veränderte Buch unter einer **neuen ISBN-Nummer** erneut einreichen.
Hier solltest du dich unbedingt rechtzeitig ausgiebig informieren.

Nachzulesen kannst du das unter
https://www.bookmundo.de/mein-buch-an-deutsche-nationalbibliothek-senden/

Abgabe an die Landesbibliotheken

In einigen Bundesländern besteht zusätzlich die Pflicht, das Taschenbuch auch in zweifacher Ausführung an die Landesbibliotheken zu senden. Auch hier richtet sich die Abgabestelle nach dem Wohnsitz. Welche Abgabestelle für dich zutrifft, findest du in einer Übersicht bei Wikipedia.

https://de.wikipedia.org/wiki/Pflichtexemplar#Ablieferung

Zu guter Letzt

So, jedes Buch hat einmal ein Ende und auch bei diesem Buch ist das nicht anders. Und wie bereits besprochen wartet jetzt das Schlusswort auf dich.

Mein Ziel war es, dir zu zeigen wie du rationell und schnell Ratgeber-Bücher schreiben kannst, um dir damit im Amazon Kindle Shop ein solides Einkommen aufzubauen.

Wie schnell du bist, hängt natürlich davon ab, wie viel Zeit du täglich investieren kannst. Jemand, der nur in seiner Freizeit schreibt, braucht da natürlich mehr Tage als jemand, der das Schreiben schon zu seinem Beruf gemacht hat und mehrere Stunden am Tag zur Verfügung hat.

Der Weg zum eigenen Buch ist eigentlich immer der gleiche. Er beginnt mit der Suche nach einer großartigen Idee.

Da wir Sachbücher schreiben, stellt jedes Thema eine Hilfe dar. Hilfe bei der Lösung eines Problems oder der Erfüllung eines Wunsches.

Ist die Idee gefunden geht es daran, zu recherchieren was nötig ist, um das Problem zu lösen oder den Wunsch zu erfüllen. Hier wirst du eine Unmenge Informationen zusammentragen, die in eine logische Reihenfolge gebracht am Ende dein Buch ausmachen.

Ich musste einmal eine negative Rezension über eines meiner Bücher lesen, die ungefähr folgendes ausgesagt hat:

Was ich in diesem Buch gefunden habe sind Dinge, die ich auch bei einer gründlichen Such bei Google kostenlos gefunden hätte...

Stimmt genau! Natürlich ist das richtig. Mit Hilfe von Google kannst du im Internet alles finden.

Doch das trifft auf jedes Sachbuch zu. Hier geht es nicht um Fantasie wie bei einem Krimi oder einem Liebesroman. Hier geht es um Tatsachen. Und die sind nun einmal so wie sie sind.

Man kann sich hinsetzen, kann stundenlang suchen, kann dann die einzelnen Informationen zusammentragen, logisch ordnen und daraus lernen.

Oder aber du gibst ein paar Euro aus und kaufst dir ein gut geschriebenes Sachbuch, indem du alle Fragen beantwortet bekommst. Logisch aufgebaut, der Reihe nach und am Ende hast du die Lösung deines Problems, hast deinen Hasenstall gebaut oder deinen Gartenteich angelegt. Und genau das ist es, was du und ich und was alle wollen, die Sachbücher schreiben.

In diesem Buch ging es hauptsächlich um das Schreiben und nicht um die technischen Dinge. Wie du dich bei Amazon Kindle Direct Publishing (KDP) anmeldest, wie du dein Buch da hochlädst, veröffentlichst, deinen Preis festsetzt und vieles mehr.

Dafür habe ich ein weiteres eBook und Taschenbuch geschrieben, das sich großer Beliebtheit erfreut.

Ich gehe da auf die verschiedenen Werbemöglichkeiten ein, die Amazon KDP dir bietet und lasse dich auch nicht allein, wenn es darum geht, wie du dein Gewerbe anmeldest. Denn das Schreiben von Büchern und verkaufen auf Amazon ist nun einmal ein Gewerbe und da ist einiges zu beachten. Aber keine Angst, diese Hürde hat noch jeder genommen.

All das und auch ein wenig über das Bücherschreiben findest du in meinem eBook Bestseller und Taschenbuch „Passives Einkommen durch Kindle eBook schreiben". Du findest es unter https://amzn.to/2BhmiGQ

Beide Bücher stehen für sich. Ich könnte daher nicht sagen, welches von beiden der 1. Teil oder der 2. Teil sein könnten.

Wenn du aber wirklich Geld mit Schreiben verdienen willst, dann solltest du dir beide Bücher kaufen. So teuer sind sie ja nicht.

Ein Sachbuch schreiben ist Fleißsache. Themensuche, Keyword-Analyse, Recherche, Aufarbeiten, Nachbereiten usw. sind Dinge, die nach und nach sorgfältig ausgeführt, unweigerlich zu einem guten Sachbuch führen.

Ist das Buch erst einmal fertig und du bist damit zufrieden, werden auch deine Leser damit glücklich sein. Der Lohn dafür ist, dass du dauerhaft Geld damit verdienst.

Passives Einkommen nennt man das. Einmal geschrieben, wirst du für lange Zeit Geld damit verdienen.

Zugegeben, deine Sachbücher solltest du dir einmal im Jahr wieder vornehmen und auf Aktualität überprüfen. Vielleicht findest du auch zufällig weitere oder neuere Informationen, mit denen du deinen Text noch ergänzen könntest. Kein Problem.

In deinem Amazon Kindle Account kannst du jederzeit den Text deines eBooks und deines Taschenbuchs ändern. Das gilt auch für deine Buchbeschreibung und deine Keywords.

Lediglich beim Taschenbuch gibt es Einschränkungen, da dafür ja von Amazon eine ISBN-Nummer vergeben wird. Weiter oben haben wir das ja schon besprochen.

Aber bitte nicht vergessen: Bei jeder Änderung deines Taschenbuchs immer das aktuelle Buch bei der Deutschen Nationalbibliothek und eventuell bei der Landesbibliothek einreichen.

So viel noch zum Schluss. Ich hoffe, du wirst nach dieser Anleitung viele wirklich gute Sachbücher schreiben und dir damit einen Pool von Büchern anlegen, die dir Monat für Monat ein solides Einkommen bescheren.

Ich wünsche es dir und ich bin sicher, dass du das auch schaffst.

Ich würde mich freuen, wenn du mir deine Bücher einmal vorstellst. Schicke mir einfach eine Nachricht an michael-kindle@web.de.

Das gilt natürlich auch, wenn du an diesem Buch etwas zu bemängeln hast oder einen Vorschlag unterbreiten möchtest, was noch fehlen könnte und in meinem 2. Buch zum Thema auch nicht steht.

Ich werde oft gefragt, ob ich zur Unterstützung nicht einen Onlinekurs anbieten kann.

Ich kann! Ich habe einen Online Kurs gefunden, den du für nur 3,00 Euro ausgiebig testen kannst.

Diesen Kurs findest Du hier:

https://bit.ly/KDP-Kurs

3,00 Euro, die sich wirklich lohnen!

Wie war die Reise ins Land der Buch Autoren?

Jetzt kommen wir zu einem Teil des Buches, in dem ich dich um einen kleinen Gefallen bitten möchte. Wir haben ja schon darüber gesprochen, Rezensionen sind ein wichtiger Bestandteil des Marketings auf Amazon. Deshalb schreibt Amazon auch oft Kunden nach einem Kauf an und bittet sie, die gekauften Produkte zu bewerten.

Neue Kunden verlassen sich auf deine Rezensionen, wenn sie ihre Kaufentscheidung treffen.

Und so ist es auch mit meinen Büchern. Deine Rezension hilft meinen Büchern, innerhalb des Amazon-Marktplatzes besser sichtbar zu werden.

Solltest du Gefallen an meinem Buch gefunden haben, wäre ich dir sehr dankbar für deine Bewertung.

Um eine Bewertung zu hinterlassen, gehst du einfach noch einmal zur Produktseite oder gibst auf Amazon den Suchbegriff „Buch schreiben" ein. Dann wählst du mein Buch aus.

Wenn du dort ganz herunter scrollst, findest du die Möglichkeit, eine Rezension abzugeben. Bewerte das Buch mit ein paar kurzen Sätzen, das dauert nur wenige Minuten.

Dieses Produkt bewerten

Sagen Sie Ihre Meinung zu diesem Artikel

Kundenrezension verfassen

Schreib einfach, was dir ganz besonders gut gefallen hat und natürlich (konstruktiv), solltest du etwas vermisst haben.

Ich lese wirklich jede Bewertung und jedes Feedback, dass du mir unter michael-kindle@web.de sendest, und beantworte deine Fragen.

Das hilft mir dabei, meine Bücher stetig zu verbessern und den persönlichen Kontakt zu meinen Lesern zu intensivieren.

Schon jetzt herzlichen Dank für deine Unterstützung.

Ich wünsche dir viel Spaß und viel Erfolg beim Schreiben deiner eBooks und Taschenbücher.

Michael Jäckel

Passives Einkommen mit Kindle eBooks schreiben

Wie du dir ein solides, passives Einkommen mit selbst oder von anderen geschriebenen eBooks aufbaust

Autor: Michael Jäckel
3. Auflage 2020
ISBN: 9781719946810

Dieses Buch ist urheberrechtlich geschützt.

Alle Rechte liegen beim Autor.

Michael Jäckel
Naumburger Str. 10
31177 Harsum OT Asel

Jegliche Vervielfältigung, auch auszugsweise, durch Kopieren, Übersetzen, Speichern in Datenbänke oder elektronische Systeme sowie auf Mikrofilmen usw. ist ausdrücklich untersagt.

Zuwiderhandlung wird zivil- und strafrechtlich verfolgt.

Sie erhalten ausdrücklich kein Wiederverkaufsrecht an diesem Buch.

Haftungsausschluss:

Die Inhalte dieser Publikation wurden sorgfältig recherchiert. Fehler sind jedoch nicht ganz auszuschließen.

Autor und Verlag übernehmen keinerlei juristische Verantwortung oder Haftung für Schäden, die durch eventuell verbliebene Fehler entstehen.

Warenzeichen werden ohne Gewährleistung der freien Verwendbarkeit benutzt und sind möglicherweise eingetragene Warenzeichen.

Dieses Buch ist all denen gewidmet, die Freude am Schreiben haben, sich aber nicht trauen, ein eigenes Buch zu veröffentlichen.

Glaube mir, es ist einfacher, als du denkst.

Vorwort

Hallo, ich bin Michael Jäckel, der Autor dieses Buches. Ich freue mich sehr, dass du dir dieses Buch gekauft hast.

Du kannst sicher sein, dass es sich für dich lohnen wird. Denn wenn du das, was du in diesem Buch lernst, Schritt für Schritt umsetzt, wirst du am Ende einiges „Geld verdienen im Internet mit eBooks".

Warum ich das behaupten kann? Weil ich jede Art des Geldverdienens im Internet, die ich in meinen Büchern beschreibe, selbst erfolgreich umgesetzt habe.

Ich beschäftige mich seit mehreren Jahren mit den Möglichkeiten, Geld im Internet zu verdienen. Gerade das Internet ist eine ideale Plattform dafür. Denn nirgend wo anders kann man mit weniger Geld und weniger Risiko ein lukratives Neben- oder Haupteinkommen aufbauen.

Um dieses Thema geht es in fast allen meinen Büchern, die Du hier im Amazon Kindle Shop findest.

Ich hoffe, es stört dich nicht, wenn ich „Du" zu dir sage.

Ich betrachte alle meine Leser als Freunde, denn gerade unter Freunden lassen sich lebenswichtige Informationen am besten transportieren. Und das Thema Geld und Geld verdienen, ist nun einmal ein lebenswichtiges Thema. Ob es uns nun gefällt oder nicht.

In diesem Buch geht es darum, mit einem Editor wie MS Word oder dem kostenlosen Open Office Texte zu schreiben, die dann bei Amazon als eBook oder Taschenbuch veröffentlicht werden.

Das ist einfacher als du denkst, denn alles was du darüber wissen musst, lernst du in diesem Buch. Und zwar aus erster Hand, denn wie gesagt: Ich schreibe nur über Möglichkeiten, Geld im Internet zu verdienen, die ich selbst erfolgreich umgesetzt habe.

Ich schreibe Ratgeber und keine Romane. Das liegt daran, dass ich mich seit Jahren aktiv mit dem Thema Geld verdienen im Internet beschäftige und darin inzwischen ein großes Wissen angesammelt habe, das ich gern an meine Leser weitergeben will.

So wie mir meine passiven Verdienstwege helfen,

heute auch mit einer geringen Rente sehr gut leben zu können, möchte ich, dass auch andere nicht wegen zu wenig Geld im Alter dazu gezwungen sind, zusätzlich noch für einen Mindestlohn arbeiten gehen zu müssen.

Für viele älteren Jahrgangs werden meine Bücher zu spät kommen, für jeden aber, der noch jung ist, sei es 20, 30, 40 oder 50 und auch 60 Jahre, ist es die ideale Zeit, sich ein passives Einkommen zur Sicherung des Alters aufzubauen.

Dieses hier vorliegende Buch ist das dritte aus einer Serie von Büchern, die sich mit den Möglichkeiten beschäftigt, Geld im Internet zu verdienen.

Doch auch dazu mehr am Ende dieses Buches.

Ein großes Thema heutzutage ist die Rente. Wie du an meinem Foto siehst, ist dieses Theme für mich durchaus aktuelles und das sollte es auch für dich sein. Egal wie alt du gerade bist.

Denn wie sich die Rentenversicherung in den nächsten Jahren oder Jahrzehnten weiterentwickelt, ob es Sie in ferner Zukunft überhaupt noch gibt, weiß niemand.

Nur eines ist klar: Die Beträge, die du einmal als Rente bekommen wirst, werden nicht mehr so hoch sein wie bei den heutigen Rentnern.

Und wenn du deinen aktuellen Lebensstandard halten willst, musst du vorsorgen.

Oder, wenn du dazu nicht in der Lage bist, später auch im „Ruhestand" noch hinzuverdienen.

Du brauchst ein oder mehrere zusätzliche Einkommen um dein Auskommen zu haben.

Viele Rentner verdienen heute schon durch **aktive Arbeit** dazu. Sie machen das, was sie das ganze Leben schon gemacht haben. Sie verkaufen Ihre Arbeits- und Lebenszeit für Geld.

Unsere Politiker führen das darauf zurück, dass unsere „Alten" noch zu vital sind, um in den Ruhestand zu gehen.

Ihrer Meinung nach wollen Sie weiterarbeiten, um sich zuhause nicht zu langweilen. Vielleicht kommt daher das Bestreben, das Rentenalter immer weiter nach oben zu setzen.

Dabei sind es mit Sicherheit die wenigsten, die sich zuhause langweilen und deshalb einen oder zwei zusätzliche Mini-Jobs annehmen. Den meisten bleibt gar nichts anderes übrig, da ihre Rente zu gering ist und sie sozial verarmen, wenn sie sich die Teilnahme am öffentlichen Leben nicht mehr leisten können.

Aktives Einkommen ist allerdings begrenzt durch die Zeit. Niemand kann seine Arbeitskraft mehr als

24 Stunden am Tag verkaufen.

Bei passivem Einkommen ist das anders. Geld - gut angelegt - arbeitet 24 Stunden am Tag und 7 Tage in der Woche für dich und erwirtschaftet Zinsen, Zinseszinsen und Dividenden. Ohne dass du noch etwas dafür tun musst.

Doch was machen die, die kein Geld sparen können, weil sie ohnehin nur gerade so viel Geld verdienen, dass es zum Leben reicht?

Es gibt viele Möglichkeiten, passives Einkommen zu erzielen. Unser Thema hier in diesem Buch ist es, **passives Einkommen durch das Schreiben von Kindle eBooks** zu generieren. Eine Möglichkeit, das wirst du am Ende dieses Buches sehen, die äußerst lukrativ ist und einfacher, als du jetzt noch denkst.

Du traust es dir nicht zu, Bücher zu schreiben? Kein Problem, denn bei Kindle eBooks handelt es sich eigentlich gar nicht um richtige Bücher, sondern nur um einfache Texte, die du eventuell nicht einmal selber schreiben musst. Wenn ich auch das „Selberschreiben" für den besseren Weg halte. Doch dazu später mehr.

Der Aufbau eines Online Business nach einer Schritt für Schritt Anleitung wie dieser hier ist nicht jedermanns Sache. Deshalb werde ich oft gefragt, ob ich nicht einen Videokurs darüber machen könnte.

Gute Videokurse gibt es aber schon. Ich selbst habe mein erstes Wissen durch Videokurse erworben. Doch gute Videokurse kosten mehrere hundert Euro und mein Ziel ist es, auch oder gerade Menschen beim Aufbau eines eigenen Online Business zu helfen, die wenig Geld haben.

Jetzt ist es mir gelungen, einen sehr guten Videokurs zu finden, der zum einen ebenso ausführlich ist wie mein Buch, zum anderen aber auch so preiswert, dass jeder sich ihn leisten kann.

Solltest Du also zusätzlich Hilfe durch Videos haben wollen, schau mal auf:

https://michaeljaeckel.com/kindle-ebook-schreiben.

Eines gleich vorweg: **Ohne Arbeit geht es nicht.** Weder beim Aufbau nach schriftlicher Vorlage noch nach einem Videokurs.

Auch beim Aufbau von passivem Einkommen geht es nicht, ohne erst einmal arbeiten zu müssen. Nichts wird dir geschenkt und nichts fällt dir in den Schoß.

Doch das großartige an passivem Einkommen ist, dass du in aller Regel nur einmal dafür arbeiten musst und dann immer wieder Gewinn davon hast. So wie wenn du nur einmal Geld verdienst, das dann lukrativ anlegst und anschließend immer wieder Gewinne aus Zinsen, Zinseszinsen oder Dividende daraus erwirtschaftest.

Wenn du bereit bist, die nächsten Wochen oder Monate intensiv nach diesem Buch zu arbeiten, hast du es geschafft und dir eine Ansammlung von eBooks aufgebaut, die dir mehrere Hundert Euro im Monat erwirtschaften.

Und du kannst nach und nach immer wieder einmal ein neues eBook schreiben oder schreiben lassen, um so deine Einnahmen zu steigern.

Also, lass uns beginnen.

Finanzielle Freiheit

Was haben die Beatles, die Rolling Stones oder Abba gemeinsam? Sie haben mit Musik Geld verdient und einige davon praktizieren das heute noch.

Aber das ist nicht alles. Sie leben nicht nur von den Auftritten, die sie heute noch machen, sondern sie leben von der Musik, die sie vor Jahren oder sogar Jahrzehnten komponiert und aufgenommen haben.

Denn über die GEMA und ähnliche Organisationen weltweit bekommen sie jedes Mal Geld, wenn eines ihrer Musikstücke gespielt wird. Und wenn sie einmal nicht mehr sind, bekommen das Geld ihre Erben.

Kannst du dir vorstellen, wie viel das monatlich bei den Erben von Michael Jackson so ist?

Dieses Einkommen nennt man passives Einkommen, denn es wurde einmal eine Arbeit getan - hier ein Musikstück komponiert und aufgenommen – und das spielt dann ein Leben lang und auch nach deren Tod noch Geld ein.

Gibt es eine bessere Art, um Geld zu verdienen? Hättest du auch gern so ein passives Einkommen?

Sicher, nicht jeder ist Musiker und berühmt genug, dass überall auf der Welt seine Musik gespielt wird.

Aber es geht auch anders.

Die folgenden Zeilen werden Dir bekannt vorkommen, wenn du schon eines oder mehrere meiner vorangegangenen Bücher gelesen hast. Sie sind aber die Basis eines jeden Buches, denn mir geht es darum dir zu zeigen, welche riesigen Vorteil passives Einkommen für dich hat.

Alle Verdienstmöglichkeiten, die ich dir in meinen Büchern zeige, schaffen passives Einkommen. Ich berichte darüber aus eigener Erfahrung, denn alle diese Möglichkeiten sind die Basis, warum es mir heute finanziell gut geht. Und dass, obwohl ich lange Jahre als Ein-Mann-Betrieb keine Beiträge in die Rentenversicherung zahlen konnte und daher nur wenig Rente bekomme.

Deshalb wirst du die Erklärung, was passives und aktives Einkommen genau ist, auch in fast jedem meiner Bücher finden.

Aktives und passives Einkommen

Es gibt zwei grundsätzliche Arten, Einkommen zu schaffen. Die eine ist das **aktive Einkommen** und die andere Art ist das **passive Einkommen**. Wie der Name schon sagt, musst du bei der Erzeugung aktiven Einkommens selbst aktiv werden und beim passiven Einkommen kannst du passiv bleiben.

Finanzielle Freiheit mit aktivem Einkommen?

Immer wenn du Zeit gegen Geld tauschst, als Arbeitnehmer in einem Betrieb beschäftigt bist und dort deine Arbeit verrichtest, erwirbst du aktives Einkommen. Du musst aktiv etwas tun um Geld zu bekommen. Tust du das nicht, gibt es auch kein Geld.

Da der Tag nur 24 Stunden hat, du also theoretisch nicht länger als diese 24 Stunden arbeiten kannst, ist die Möglichkeit, aktives Einkommen zu erzielen, begrenzt.

Auch ich als Inhaber meines Ein-Mann-Betriebes habe, obwohl ich selbstständig bin, nur ein aktives Einkommen. Denn auch ich kann nur eine begrenzte

Zeit arbeiten um Einkommen schaffen zu können.

Sicher, ich habe eine gewisse Freiheit bei der Entscheidung, wann und wie viel ich arbeite. Letztendlich bestimmen aber meine Auftraggeber, das Finanzamt und die Rechnungen, die am Ende oder während des Monats bezahlt werden müssen, wann und wie viel ich zu arbeiten habe.

Also ist auch die Selbstständigkeit ebenfalls eine „Zeit gegen Geld" Arbeit.

Nun kann man natürlich seine Rente mit einem Minijob oder einem anderen zusätzlichen Arbeitseinkommen aufbessern und Hunderttausende tun das schon oder müssen es tun.

Doch eigentlich bedeutet doch Rente „Ruhestand". Man soll es sich die letzten Jahre schön machen. Geschuftet hat man lange genug. Jetzt sollte doch „Genießen" das Thema sein.

Da wäre es doch gut, wenn man zusätzliches Einkommen hätte ohne dafür zu arbeiten. **Genau das ist passives Einkommen.**

Finanzielle Freiheit mit passivem Einkommen

Passives Einkommen hat den großen Vorteil, dass du nicht mehr aktiv werden musst, wenn du dieses Einkommen erst einmal erzielst. Aber auch die Grundlagen zu passivem Einkommen müssen erst einmal geschaffen, also erarbeitet werden. Zum Beispiel einen Song schreiben und aufnehmen. Im Einzelnen gehe ich gleich noch darauf ein.

Du lebst in einer Zeit, in der ein Aufbau von passivem Einkommen denkbar einfach ist. Denn das Internet bietet uns da unzählige Möglichkeiten, die es vor wenigen Jahren noch gar nicht gab.

Jedoch ist niemandem, es sei denn er ist Millionärssohn oder Millionärstochter, passives Einkommen in den Schoß gefallen. Auch meine passiven Einkommensströme habe ich mir schwer erarbeitet. Das wird bei dir nicht anders sein. Egal was dir Gurus, besonders im Internet, dir versprechen.

Dazu gehört auch die kleine Sammlung an eBooks, die ich mir nach und nach zusammengeschrieben habe und die ich auch jetzt noch immer wieder um weitere eBooks und Taschenbücher erweitere. Denn das Schreiben von eBooks ist skalierbar. Das bedeutet, dass du immer wieder neue eBooks hinzufügen und so deine passiven Einkünfte Stück für Stück vergrößern kannst.

Warum sich eBooks so gut als passive Einkommensquelle eignen

Es gibt verschiedene Möglichkeiten, Geld im Internet zu verdienen. Die wenigsten aber lassen sich ohne Einsatz von Geld aufbauen.

In meinem Buch „Dropshipping von A-Z" zeige ich, wie du einen eigenen Online-Shop erstellst und betreibst, bei dem du weder Ware einkaufen, Ware lagern oder Ware versenden musst. Denn das macht dein Großhändler für dich.

Der Aufbau so eines Shops kostet so gut wie gar kein Geld, der Unterhalt dann aber aber schon ein wenig. Denn du brauchst ein Hosting für deinen Shop und du musst deinen Shop bewerben, damit Kunden kommen und etwas kaufen. Beides kostet Geld.

Ähnliche ist es beim Aufbau eines Nischenseiten-Imperiums, wie ich es in meinem 2. Buch „Geld verdienen mit Nischenseiten" beschreibe.

Auch da benötigst du Hosting für deine einzelnen Nischen-Blogs. Außerdem rate ich dir dort zu einem speziellen Theme für Nischenseiten und zu besonderen Keyword-Tools, um die besten Suchworte für die einzelnen Produktgruppen zu finden.

Denn nur so kommst du mit den besten Suchworten, die deine Nischenseiten-Produkte beschreiben, in den Suchmaschinen nach vorn. Und nur so kannst du wirklich Geld mit Nischenseiten verdienen.

Beides, das Theme und die Tools kosten leider Jahr für Jahr Geld. Wenn das auch vielfach wieder hereinkommt.

Beim Schreiben von eBooks ist das anders.

Um dir einen Pool an eigenen eBooks zu erstellen benötigst du keinen Cent. Du musst lediglich deine Zeit investieren, um nach und nach deine Bücher zu schreiben.

Alles andere, die Werbung, den Vertrieb, den Platz im Internet und später auch das Drucken deiner Taschenbücher erledigt Amazon für dich.

Dich kostet das nichts. Du gibst Amazon lediglich einen Teil vom Verkaufspreis ab.

Aber nur, wenn du wirklich ein Buch, egal ob ein eBook oder ein Taschenbuch, verkauft hast. Es gibt keine Kosten pro Monat. Absolut nichts.

Es sei denn, du willst das Schreiben deiner Bücher

jemand anderem überlassen. Den musst du natürlich für seine Arbeit bezahlen.

Früher, als das Kindle Direct Publishing, kurz KDP - so nennt man das Verlegen von selbstständigen Autoren bei Amazon - noch nicht so bekannt war, haben Ghostwriter, das sind Leute, die eBooks für andere schreiben, noch für 1 – 2 Cent pro Wort geschrieben.

Da hat ein eBook mit 10.000 Worten noch 100,00 Euro gekostet. Heute, da immer mehr sich für das Geschäft mit eigenen eBooks interessieren, schreiben gute Ghostwriter nicht mehr für unter 5 – 6 Cent je Wort.

Dementsprechend kostet ein eBook mit 10.000 Worten, das entspricht ca. 60 bis 65 DIN A4 Seiten, 500,00 – 600,00 Euro.

Und ein eBook wie dieses hier mit ca. 17.000 Worten kostet dann 850,00 – 1020,00 Euro. Da musst du viele eBooks verkaufen, um das Geld wieder herein zu bekommen.

Für weniger Geld bekommst du nur noch minderwertige Texte, die oft im Internet zusammenkopiert werden. Ich zeige dir später einen Weg, wie du zu kostenlosen eBooks für das Thema kommst, über das du schreiben möchtest, um so an Informationen zu kommen. Dann kannst du selbst lesen, was da den Lesern manchmal geboten wird.

Kurz gesagt:

- Das Schreiben und verlegen von eBooks bei Amazon ist absolut kostenlos.
- Über Werbung für deine eBooks musst du dir keine Gedanken machen, denn die Kunden liefert dir Amazon frei Haus.
- Eine eigene Webseite ist nicht erforderlich.
- Somit hast du auch keinerlei laufende Kosten.

Generell solltest du aber erst einmal wissen, was ein eBook eigentlich ist.

Was ist eigentlich ein eBook

Ich habe ja ein Stück weiter vorn schon geschrieben, dass der Begriff „Buch" für eBooks, wie sie bei Amazon Kindle erhältlich sind, etwas überzogen ist.

Ein Kindle eBook hat keine 400 Seiten, wie du es von den Romanen gewohnt bist, die du sicher schon gelesen hast. Es sei denn, du willst Romane schreiben. Doch darum soll es in diesem Buch nicht gehen.

Ich schreibe Ratgeber, also Sachbücher die meinen Lesern helfen sollen, ein Ziel zu erreichen oder die Lösung für ein Problem zu finden. Zum Beispiel auf möglichst einfache Weise Geld zu verdienen, damit sie besser leben können.

So ein Ratgeber hat in aller Regel einen Umfang von circa 10.000 Worten. Das entspricht bei einer Schriftgröße von 12 Pixel ungefähr 75 Seiten. Es gibt aber auch deutlich kürzere Ratgeber, die mit knapp 40 Seiten auskommen. Denn wenn jemand ein Problem lösen will, sucht er nach schnellen Lösungen.

Doch zurück zu der Frage „Was ist eigentlich ein eBook"?

Ein eBook ist ein Textdokument, mit Microsoft Word oder mit einem kostenlosen Office-Paket wie **Open Office** geschrieben.

Hier der Link zum kostenlosen Open Office:

http://openoffice2.computerwissen.de/

Dieses Textdokument besteht aus verschiedenen Überschriften und Unter-Überschriften und dem Text, der das eigentliche eBook ausmacht.

Ein Sachbuch wie ich es schreibe hat, einfach betrachtet, folgenden Aufbau:

- Die Titelseite
- Den kurzen Haftungsausschluss
- Das Inhaltsverzeichnis
- Das Vorwort
- Den eigentlichen Inhalt mit mehreren Kapiteln und Unterkapiteln
- Das Schlusswort
- Das Impressum mit ladungsfähiger Anschrift
- Den langen Haftungsausschluss

Diesen Aufbau solltest du dir von Anfang an erstellen und die Überschriften für deine Kapitel und Unterkapitel festlegen.

So kannst du ganz bequem einzelne Bereiche deines Buches schreiben, auch ohne dich an die Reihenfolge halten zu müssen.

Fällt dir gerade einiges zum Kapitel 3 ein, so schreibst du das in dein Textdokument, egal ob es die Kapitel 1 und 2 schon gibt oder nicht. Am Ende ist der Text dann trotzdem komplett. Später werde ich dir noch zeigen, wie du aus dem Text für dein eBook ein richtiges Taschenbuch erstellen kannst. Ja, ein richtiges Buch mit richtigen Seiten.

Bevor du allerdings mit deinem Text beginnst, ist einiges an Recherche notwendig.

Ohne sorgfältige Recherche solltest du nicht beginnen

Bevor du beginnst, deinen Text zu schreiben, solltest du erst einmal in Erfahrung bringen, ob wirklich genug Leser sich für das von dir gewählte Thema interessieren. Denn bei aller Liebe, wenn du über ein Thema schreibst, das nur wenige Menschen interessiert, wirst du zwar einige Leser glücklich machen, aber Geld wirst du damit nicht verdienen.

Bei der Suche nach deinen Themen gilt der gleiche Grundsatz wie bei anderen Verdienstmöglichkeiten im Internet, sei es der Aufbau von Nischenseiten oder das Betreiben eines Dropshipping Shops.

Du musst nach Nischen suchen.

Nischen sind kleine Teile eines großen Themas. So wie der Aufbau von Nischenseiten der kleinere Teil von dem größeren Thema „Geld im Internet verdienen" ist und dieses Thema wiederum ein kleinerer Teil des Themas „Börse & Geld" oder „Business & Karriere" ist.

Amazon hilft dir, Nischen zu finden

Wenn du noch nicht die richtige Idee hast, worüber du einen Text schreiben willst, hilft dir die Amazon Bestseller Liste für eBooks. Du findest sie unter https://www.amazon.de/gp/bestsellers/digital-text/530886031/

Dort siehst du links eine Auflistung der einzelnen Kategorien, die es für Amazon Kindle Bücher gibt. Diese Auswahl der Hauptkategorien sollte dich schon in die Richtung leiten, die du einschlagen möchtest.

Nehmen wir an, du interessierst dich für Computer & Internet und hättest Interesse, über dieses Thema zu schreiben, dann klickst du auf diesen Menüpunkt und bekommst weitere Unterpunkte angezeigt.

Einer der Unterpunkte ist Grafik & Multimedia. Wenn du den auswählst, zeigt dir Amazon die 100 bestverkauften Bücher dieser Kategorie. Diese Seite ist wichtig für dich, wenn es darum geht, herauszufinden, ob du mit deinem Buch eine Chance hast, bei diesem Thema Geld zu verdienen. Doch dazu gleich.

Du siehst, die Bücher in dieser Kategorie handeln von digitaler Fotografie oder über die von Amazon angebotene Technik Alexa oder Fire.

Zwei Bücher, gerade die auf Platz 2 und 3 haben sich

als themenfremde Bücher hier eingeschlichen, um auf leichte Art einen Bestsellerrang zu bekommen. Dazu später mehr.

Wenn Du jetzt auf das erste Buch klickst, siehst du die Belohnung für den ersten Platz in dieser Kategorie, den Banner „Bestseller Nr.1", der enorm verkaufsfördernd ist.

Scrollst du jetzt weiter nach unten, siehst du die Produktinformationen für dieses eBook:

Entscheidend ist hier der „Amazon Bestseller Rang", der mit 6.135 mit einem guten Buch und erfolgreichem Marketing durchaus zu schlagen ist.

Interessant ist hier noch, dass dieses Buch auch noch in 2 weiteren Kategorien sehr gut gelistet ist. Auch diese Kategorien solltest du dir später ansehen, um zu schauen, welchen Amazon Bestseller Rang (ABSR) die Erstplatzierten dort haben.

Jetzt aber schau dir bitte erst einmal den ABSR des 2. und 3, platzierten ebenso wie den des 10. und 20. an und schreibe dir diese Werte in eine Excel-Tabelle.

Dazu beginnst du damit, den Link zu der von dir untersuchten Kategorie aufzuschreiben, also zum Beispiel:

Kindle Shop > eBooks > Computer & Internet >

Grafik & Multimedia.

Danach trägst du die ABSR der Top 100 eBooks von Platz 1, 2 und 3 sowie Platz 10 und Platz 20 ein. Interessant sind dabei aber nur Bücher, die auch wirklich zum Thema passen.

Wenn du davon ausgehst, dass du mit einem guten Marketing beim Start deines Buches einen ABSR von 5000 bis 6000 erreichen wirst, kannst du schnell sehen, ob du in dieser Kategorie bei den Werten deiner Mitbewerber die Chance auf einen guten Platz hast.

Die Plätze 1- 3 sind wichtig, da sie beim Aufrufen der Kategorie sofort ins Auge fallen. Platz 10 und Platz 20 sind auch noch gut, da du, damit auf der ersten Seite und in verschiedenen Sonder-Darstellungen gezeigt wirst.

Denn ebenso wie bei Google werden die Artikel, die bei Amazon auf der ersten Seite gezeigt werden, am häufigsten gekauft. Bücher von der 2. Seite finden nur sehr selten einen Käufer.

Deshalb ist die richtige Wahl der Kategorie sehr wichtig, doch dazu später mehr.

Ein zweiter sehr wichtiger Punkt ist, wie viele Bücher es in dieser Kategorie gibt. Dazu solltest du in der Amazon-Suche den Kindle Shop einstellen und zum Beispiel den Begriff „Fotografie" eingeben um zu sehen, wie viele eBooks es zu diesem Thema schon gibt.

Hier in diesem Fall sind das mehr als 50.000. Eine sehr große Zahl. Das bedeutet, dass es sich bei diesem Thema um ein sehr lukratives Thema handelt, denn sonst würden dazu nicht so viele Bücher geschrieben werden.

Denke dir verschiedene Worte aus, die du verwenden würdest, um das von dir geplante Buch bei Amazon zu finden, und schau dir in der Suche an, wie viele Bücher es dafür schon gibt.

Das bedeutet der Amazon Bestseller Rang (ABSR)

Der ABSR spiegelt den Verkaufserfolg eines Buches wieder. Je kleiner die Zahl, desto besser wird das Buch verkauft.

Das Buch mit dem ABSR 1 ist daher das bestverkaufte Buch auf Amazon, während ein Buch mit einem ABSR von 50.000 eher selten verkauft wird.

Als Faustformel kann man annehmen, dass ein Buch mit einem ABSR von 5.000 ca. 100,00 Euro im Monat einspielt, während ein Buch mit einem ABSR von 10.000 gerade noch 50,00 Euro im Monat bringt.

Da der ABSR die Nachfrage nach einem Buch ausdrückt, spiegelt sich darin natürlich auch das Interesse an diesem Thema wieder.

Denn wäre das Interesse an einem Buch mit einem ABSR von 20.000 größer, würde es mit Sicherheit häufiger gekauft und hätte dann auch einen besseren ABSR.

Folglich kannst du an den Werten in deiner Excel-Tabelle auch sehen, ob in der Kategorie, die du gewählt hast, auch gutes Geld zu verdienen ist.

Grundsätzlich solltest du aber das Geld verdienen nicht in den Vordergrund stellen. Denn wenn es rein um das Geld verdienen ginge, müssten sich deine Bücher um eines der folgenden Themen kümmern:

- Beziehungen und Dating
- Kochen, Backen und Rezepte
- oder Abnehmen und Schlank werden

Doch gerade da tummeln sich die meisten Mitbewerber und täglich werden unzählig neue Bücher in diesen Kategorien eingestellt.

Das führt dazu, dass du wohl am Anfang, wenn du durch geschicktes Marketing auf die erste Seite deiner Kategorie kommst, eine Menge Bücher verkaufst, dann aber schnell von neuen Büchern verdrängt wirst. Du verschwindest auf die hinteren Seiten und dein Buch wird keine Gewinne mehr erzielen.

Es sei denn, du baust dich als Autor zu einer Marke auf, indem du mehrere Bücher zu ähnlichen Themen schreibst und so über deine Autorenseite Leser deines neuen Buches dazu bringst, auch ältere Bücher von dir zu kaufen.

Wenn du allerdings Fitness-Coach bist oder viel Wissen über gesunde Ernährung hast, solltest du natürlich über diese Themen schreiben.

Trotzdem gilt:

Jedes Thema, über das du schreiben möchtest, muss erst einmal sorgfältig recherchiert werden. Denn nicht immer wirst du aus eigener Erfahrung berichten können und so genau wissen, was für das einzelne Thema alles wichtig ist.

Kann ich mit meinem Thema Geld verdienen?

Nachdem du nun Kategorien gefunden hast, für die du ein oder mehrere Bücher schreiben möchtest, solltest du noch einmal genau überprüfen, ob es da denn auch genug Nachfrage, also potenzielle Leser gibt, die dein Buch auch kaufen.

Viele eBook-Autoren, besonders die, die nicht selbst schreiben, sondern ihre Bücher von sogenannten „Ghostwritern" schreiben lassen, springen von Thema zu Thema. Besonders in den Sparten, die ich weiter oben ja schon genannt habe:

- Beziehungen und Dating
- Kochen, Backen und Rezepte
- oder Abnehmen und Schlank werden

Sicher, in diesen 3 Bereichen herrscht die größte Nachfrage nach Informationen, aber es werden auch fast täglich neue Bücher auf den Markt gebracht.

Die Folge ist: Selbst, wenn es dir gelingt für dein

Buch dort einen Platz auf der ersten Seite oder sogar unter den ersten 3 Rängen zu ergattern, wird es sehr schnell wieder auf die hinteren Seiten verdrängt werden.

Wähle dein Thema daher sorgfältig und mit Bedacht aus und schwimme nicht mit der Masse der Rezept-, Abnehm-, Fitness- oder Flirtbuch Schreiber mit.

Und - auch das ist wichtig - suche dir eine Nische, in der du mehrere Bücher veröffentlichen kannst. Denn so kannst du dich als Autor zu einer Marke aufbauen und eine Fangemeinschaft schaffen, die dir jedes neue Buch aus den Händen reißt.

Am besten machst du dir auch hier wieder eine Excel-Tabelle, in der du in der ersten Spalte alle Marktbereiche einträgst, für die du gern schreiben würdest.

Bei mir wären das zum Beispiel:

- Geld verdienen im Internet,
- Passives Einkommen aufbauen,
- Selbstmanagement,
- Zeitmanagement,
- um nur einige zu nennen.

Gibt diese Begriffe jetzt wieder in die Amazon-Suche ein und schau dir die ABSR der jeweilig angezeigten Bücher an.

Wieder wie gehabt Platz 1 – 3, Platz 10 und Platz 20.

Hier gehen wir nicht, wie bei der Keyword- und Mitbewerberanalyse, davon aus, dass wir diese erstplatzierten Bücher verdrängen müssen. Hier geht es darum, ob der Markt für dieses von dir angestrebte Thema lukrativ ist. Ob also Geld verdient werden kann.

Du weißt ja bereits, dass der Amazon Bestseller Rang (ABSR) ausdrückt, wie oft ein Buch gekauft wird und entsprechend auch, wie viel Geld damit verdient wird.

Haben die Bücher auf den Plätzen 1 – 3 also einen niedrigen ABSR, zum Beispiel zwischen 100 und 1.000, werden Sie oft verkauft und es wird damit Geld verdient. Also muss diese Nische lukrativ sein.

Haben die Erstplatzierten einen ABSR zwischen 5.000 und 10.000 ist das zwar keine Gold-Nische, aber ein Buch kann trotzdem 100,00 – 150,00 Euro im Monat einbringen.

Leider werden die Ergebnisse dieser Suche immer mehr verfälscht von „eBook-Anbietern", so möchte ich sie einmal nennen, denn wirkliche Autoren sind da nur die wenigsten, die „schwache Nischen" dazu nutzen, für sich einen Bestseller Rang zu ergattern.

Ich hatte ja schon mal darauf hingewiesen.

Ein Bestseller Rang ist sehr verkaufsfördernd. Wenn dann aber ein Buch über Grillrezepte einen Bestsellerrang in „Gesellschaftsformen & -recht" hat, geht das sicher nach hinten los.

Solltest du also bei der Analyse lukrativer Märkte auf den ersten Plätzen so ein Buch finden, schreibe bitte die Reihenfolge der ersten Plätze der Bücher auf, die zu deinem Thema passen.

Beispiel eines nicht passenden Bestseller Rangs

Keyword-Suche und Mitbewerber-Vergleich

Wie du bereits gesehen hast, werden bei Amazon, ebenso wie bei Google, die einzelnen Bücher über Keyword, also Suchworte gefunden. Willst du zum Beispiel mit einem Buch über Grafik & Multimedia gefunden werden, sollten diese Worte in folgenden Bereichen vorkommen:

- Im Titel deines Buches.
- In deinem Buch selbst.
- Besonders in den ersten 10 % deines Buches.
- In der Buchbeschreibung.
- Im Angebotstext bei Amazon.
- Auf deiner Autorenseite.

Welche Suchworte für dich wichtig sind, musst du allerdings erst noch ermitteln. Stell dir dazu erst einmal die Frage: „Welche Suchworte würde ich eingeben, wenn ich ein Buch mit meinem Inhalt suchen würde?".

Im Fall meines Buches „Dropshipping von A-Z", das ich hier einmal als Beispiel wählen möchte, sind das folgende Suchworte:

- Dropshipping
- Dropshipping Erfahrungen

- Dropshipping für Anfänger
- Dropshipping deutsch
- Dropshipping Buch
- Geld verdienen im Internet
- Geld im Internet verdienen
- Geld verdienen passiv
- Passiv Geld verdienen
- Online Geld verdienen
- Online Handel
- Online Shop
- Online Shop erstellen
- Online Shop Marketing
- Online Shop gründen
- Online verkaufen
- Online zum Erfolg
- Finanzielle Unabhängigkeit
- Finanzielle Freiheit
- Eigner Onlineshop

Du siehst, da kommt eine Menge zusammen. Bei dir und deinem Thema werden es vielleicht noch mehr Keywords sein.

Auch hier musst du die Keywords jetzt noch analysieren. Schreibe die dazu eine Excel-Tabelle, wie du es schon bei den Kategorien getan hast.

Statt die Kategorien einzutragen, setzt du dafür die Keyword-Phrase ein. Dann gehst du zu Amazon und wählst den Kindle eBook Shop.

Trage jetzt nacheinander die Keywords in die Suchleiste ein und schau dir die gezeigten Bücher an. Platz 1-3, Platz 10 und Platz 20. Auch hier schreibst du dir wieder den jeweiligen ABSR auf, damit du siehst, welches eBook du bei den einzelnen Suchworten schlagen kannst, wenn dein Buch einen ABSR von 5.000 – 6.000 hat.

Schau dabei auch wieder, in welchen Kategorien die einzelnen Bücher gelistet sind und ob die eine oder andere Kategorie auch für dich interessant sein könnte.

Jetzt hast du weitere wertvolle Kategorien gefunden, in denen es sich lohnt, ein Buch zu veröffentlichen, und du hast die wichtigsten und besten Keywords ermittelt, damit dein Buch dann auch auf den vordersten Plätzen angezeigt wird.

Nun kannst du damit beginnen, dein Buch zu schreiben oder, falls du es dir nicht zutraust, dein Buch schreiben zu lassen.

Bevor wir aber zum „schreiben lassen" kommen gehen wir erst einmal davon aus, dass du dein Buch selber schreibst. Denn nur so kannst du dich als Autor präsentieren und eine eigene Marke werden.

So solltest du dein Buch schreiben

Ein Buch schreiben, besser gesagt einen Text schreiben, denn der Begriff „Buch" ist für Ratgeber, wie ich sie schreibe etwas zu hoch gegriffen, ist eigentlich ganz einfach. Auch dann, wenn du nicht ganz so rechtschreibfest bist.

In der Hauptsache besteht so ein eBook aus

- der Einleitung,
- dem Hauptteil und
- dem Schluss

Das war es eigentlich schon.

Der Hauptteil wird dann noch unterteilt in einzelne Kapitel und Unterkapitel.

Hier eine genaue Auflistung:

- Titel
- Inhaltsverzeichnis
- Einleitung
- Hauptkapitel 1
    - Unterkapitel
    - Unterkapitel
    - Unterkapitel

- Hauptkapitel 2
    - Unterkapitel
    - Unterkapitel
    - Unterkapitel
- Hauptkapitel 3
    - Unterkapitel
    - Unterkapitel
    - Unterkapitel
- Hauptkapitel 4
- Hauptkapitel 5
- Schluss
- Impressum

Eine Hilfe könnte dir das Inhaltsverzeichnis geben, das du in diesem Buch am Anfang findest.

Gliedere dir dein Vorhaben schon von Anfang an als Inhaltsverzeichnis wie gerade beschrieben und schreibe nicht einfach drauflos.

Hast du das Inhaltsverzeichnis grob fertig, kannst du immer gerade den Punkt bearbeiten, zu dem dir etwas einfällt.

Wenn du dir jetzt fest vornimmst, jeden Tag 5 Seiten zu schreiben, ist dein Buch in rund 3 Wochen fertig. Denn ein Ratgeber hat in der Regel so zwischen 70 und 100 Seiten.

Besonders gut ist es, wenn dein Buch mit Text und Bildern mehr als 100 Seiten hat, denn dann wird dein

Taschenbuch, das du aus dem Text deines eBooks heraus recht einfach erstellen kannst, auch auf dem Rücken einen Text haben. Aber da greife ich ein wenig vor.

Wie gesagt, dein eBook sollte mit Bildern, wie du sie hier ja auch in meinem Buch findest, ca. 80 DIN A 4 Seiten haben, das entspricht ca. 13.000 Worten.

Bevor du aber aktiv zu schreiben beginnst, ist noch einiges zu bedenken.

Deine Zielgruppe finden

Es ist extrem wichtig, dass du weißt, für wen du dein Buch schreibst. Du musst deine Leser kennen, musst wissen, wo sie der Schuh drückt und was sie von dir erwarten. Denn deine zukünftigen Leser sind deine Zielgruppe. Die Menschen, für die du deine Bücher schreibst.

Das ist übrigens auch ein Grund, nicht durch verschiedene Themen zu springen, sondern bei einem großen Thema zu bleiben. Denn mit dem Thema ändert sich auch deine Zielgruppe.

Meine Zielgruppe sieht ungefähr folgendermaßen aus:

- Mein Leser ist männlich oder weiblich und zwischen 30 und 60 Jahre alt.
- Er ist verheiratet und hat Kinder.
- Er ist berufstätig, verdient aber nur so viel Geld, das er gerade damit auskommt.
- Er möchte gern zusätzliches Geld verdienen, möchte aber auch nicht auf seine Freizeit verzichten.
- Er ist nicht in der Lage oder glaubt nicht in der Lage zu sein, für das Alter Geld anzusparen oder sonst irgendwie vorzusorgen.
- Er will sich aber auch nicht damit abfinden, bei seiner zu geringen Rente zusätzlich arbeiten zu müssen.
- Mein Leser sucht Möglichkeiten, Geld im Internet zu verdienen.
- Er ist bereit, dafür zu arbeiten und etwas zu lernen.
- Er hat Sorge, dass er für angebotene Kurse viel Geld bezahlt, ohne das er einen Nutzen hat und sucht daher nach Büchern, die ihm weiterhelfen.

So oder so ähnlich solltest du deinen Leser charakterisieren.

Warum ist es so wichtig, seine Zielgruppe zu kennen?

Ganz einfach, wenn sich dein Leser in deinem Buch wiederfindet, wenn er seine Probleme benannt findet und mit der Lösung zufrieden ist, wird er dich und dein Buch lieben.

Er wird dich mit einer guten Rezension belohnen und vielleicht auch dein nächstes Buch kaufen.

Sinn und Ziel deines Buches soll nicht in erster Linie sein, damit viel Geld zu verdienen.

Sinn und Ziel sollte es sein, deiner Zielgruppe zu helfen ein Problem zu lösen.

Wenn du nur auf das Geld verdienen aus bist, merkt deine Zielgruppe das sofort. Denn dann wird der Ton deines Buches unpersönlich, ob du das nun willst oder nicht.

Hol dir einmal kostenlose Kindle Bücher und vergleiche sie. Du wirst dich wundern, wie diese sich in der Qualität unterscheiden.

Du findest die kostenlosen Bücher, wenn du bei Amazon zu den Kindle-Büchern gehst und dann die Bestseller zu dem Thema auswählst, zu dem auch du schreiben willst.

Kindle eBook Bestsellerliste bei Amazon.de

Den Ausgangspunkt der Kindle eBook Bestsellerliste findest du hier:

https://www.amazon.de/gp/bestsellers/digital-text/530886031

Von hier aus gehst du in die Kategorie, in der du schreiben willst und lädst dir die ersten 3 Bücher aus der kostenlosen Bestsellerlist herunter.

Das ist übrigens auch sehr gutes Material für deine Recherche und eine Hilfe – soweit das Buch gut ist – für deinen eigenen Buchaufbau. Abschreiben verbietet sich natürlich von selbst!

Was ist dein USP?

In den seltensten Fällen wird dein Buch das einzige sein, dass es zu diesem Thema gibt. Deshalb solltest du dir schon vor dem Schreiben darüber klar sein, warum ein Leser gerade dein Buch kaufen sollte und nicht das deines Mitbewerbers.

Was ist das Besondere an deinem Buch? Was ist dein USP (Unique Selling Proposition), was ist dein Alleinstellungsmerkmal?

Was bietest du deinem Leser Besonderes? Was hebt dich von den anderen Büchern ab?

Die Antwort auf diese Frage ist nach dem Schreiben deines Buches auch die Basis deiner Werbemaßnahmen. Denn gerade der USP soll ja deine Leser von deinem Buch überzeugen.

Bei mir ist es die Tatsache, dass ich jede Möglichkeit, mit Geld verdienen im Internet passives Einkommen zu erzeugen, selbst praktiziert habe.

Ich recherchiere das nicht nur und schreibe dann ein Buch darüber, sondern ich mache das selbst und kann so Schritt für Schritt aufzeigen, was du machen musst, um erfolgreich zu sein.

Glaube mir, es gibt nur wenige in diesem Bereich, die das von sich behaupten können. Sie machen lieber aus Ihrem Wissen teure Videokurse und verkaufen es nicht in preiswerten Büchern für wenig Geld, die sich alle leisten können.

Das Besondere an Ratgebern ist, dass sie mit der theoretischen Erklärung des Themas beginnen, also logisch erklären, warum es zum Beispiel vorteilhaft ist, Geld im Internet zu verdienen. Ja warum es für viele, nämlich für alle diejenigen, die nur wenig Rente erwarten können, unabdingbar ist, für das Alter passiv Geld im Internet zu verdienen.

Danach solltest du deinen Leser in die Praxis führen und ihm Schritt für Schritt zeigen, wie er sein Problem, zum Beispiel im Alter zu wenig Geld zu haben, mit deinem Buch lösen kann. Das war es schon. Mehr ist eigentlich nicht nötig.

Jetzt geht es an das Schreiben

Mit der Gliederung, die wir weiter oben schon besprochen haben, hast du schon das Gerüst deines Buches angelegt. Was nicht heißt, dass sich da nicht noch etwas ändern ließe. Mit Sicherheit werden dir im Laufe des Schreibens noch einige Dinge einfallen, die du noch nicht bedacht hast.

Trotzdem ist diese Gliederung der Ausgangspunkt für dein Buch und du solltest dich auch erst einmal daranhalten.

Ich schreibe immer als erstes mein Vorwort. Darin gehe ich kurz auf meine Person ein und erzähle, wie ich zum Schreiben gekommen bin und warum ich gerade zu diesem Thema ein Buch schreibe. Und was mich qualifiziert, das zu tun. Denn der Leser soll wissen, dass du weißt, worüber du schreibst.

Schreibst du über Dinge, von denen du keine Ahnung hast, merkt der Leser das sofort und eine schlechte Bewertung, die dein Buch in die hintersten Ränge katapultiert, ist die Folge.

Ich verwende nicht - wie viele andere - ein Pseudonym. Die meisten Autoren, die bei Amazon Kindle Ratgeber veröffentlichen, schreiben unter

Pseudonym, weil sie ihre Bücher gar nicht selbst schreiben, sondern schreiben lassen. Grundsätzlich ist nichts Verwerfliches dabei, sich die Texte von einem „Ghostwriter" schreiben zu lassen.

Viele berühmte Personen machen das.

Sie erzählen einem Ghostwriter ihre Lebensgeschichte und der macht dann ein Buch daraus. Oder glaubst du, Fußballstars wie Ronaldo haben ihre Memoiren selbst geschrieben?

Was du allerdings beim „Ghostwriting" beachten solltest, zeige ich dir später noch.

Ich schreibe meine Bücher selbst und habe viel Freude daran. Und du solltest das zumindest auch probieren. Wie gesagt, es ist nicht schwer und es macht stolz, sein eigenes Buch als Taschenbuch in den Händen zu halten.

Wichtige Tipps zum Schreiben

Sorge für Ruhe – Schreiben ist eine Frage der Konzentration. Selbst dann, wenn du, was ich dir für den Anfang rate, einfach drauflos schreibst.

- Sorge deshalb unbedingt für Ruhe.
- Schalte dein Handy ab.

- Schalte dein Email-Programm ab.
- Sorge dafür, dass keine Freunde oder Familienmitglieder dich stören.
- Setze dir einen festen Zeitpunkt, wann dein Buch fertig sein soll.
- Schreibe, wenn möglich, morgens, bevor du etwas anderes tust.
- Setze dir für jeden Tag eine feste Zeit, in der schreibst.

Denke immer daran: Auch kleine Schritte führen zum Ziel. Nur wer stehen bleibt, kommt nicht voran.

Setze Dir ein festes Zeit-Ziel – Es ist wichtig, sich ein konkretes Zeit Ziel zu setzen, damit du auch wirklich Schritt für Schritt vorankommst. Denn nur so wirst du dein Ziel auch wirklich erreichen.

Wenn du zum Beispiel einen Ratgeber schreiben willst, der ca. 15.000 Worte lang ist, solltest du dir als Ziel setzen, jeden Tag 1.000 Worte zu schreiben. Dann wäre dein Buch in 15 Tagen fertig.

Schreibe schnell und was dir einfällt - Beginne mit einem Erst-Entwurf. Schau dir dazu dein Inhaltsverzeichnis an und wähle einen Punkt, zu dem dir gerade etwas einfällt oder zu dem du gerade etwas recherchiert hast.

Du musst hier nicht die Reihenfolge einhalten,

sondern kannst irgendeinen Punkt herausgreifen.

Schreibe erst einmal so schnell wie möglich alles auf, was dir zu diesem Punkt einfällt. Durchaus auch ohne es schon zu gliedern oder zu bewerten. Und ohne Rücksicht auf Fehler.

Durch das schnelle Schreiben schreibst du intuitiv, also ohne lange darüber nachzudenken. Wenn du langsam schreibst, beurteilst du schon während des Schreibens deinen Text und das hindert dich am Vorankommen.

Überarbeite erst danach deinen Text - Überarbeite deinen Text erst, wenn du den Abschnitt vollständig fertig hast. Wenn du alle Gedanken aufgeschrieben hast, kannst du an das Überarbeiten deines Textes gehen.

Jetzt kannst du noch einzelne Blöcke neu gliedern und auch die orthografischen und grammatikalischen Fehler beseitigen. Hier hilft dir erst einmal die

Rechtschreibprüfung deines Textverarbeitungsprogrammes. Später, vor der Veröffentlichung bei KDP, solltest du dein Buch allerdings von einem Lektor überarbeiten lassen oder ein spezielles Tool zum Beseitigen der Fehler nutzen.

Oftmals reicht es schon, wenn du zwei – drei

Freunde oder Verwandte bittest, dein Buch zu lesen und nach Fehlern zu suchen. Wenn du da niemanden hast oder deine Bücher lieber im Verborgenen schreibst, findest du für einige Euro auch einen professionellen Lektor. Lektoren findest du zum Beispiel auf Webseiten wie www.machdudas.de.

Webseite von www.machdudas.de

Eine weitere, sehr gute Möglichkeit, deinen Text auf Fehler überprüfen zu lassen, ist der Duden Korrektor, der speziell für Microsoft Word entwickelt wurde.

Dieses Programm ist meiner Meinung nach recht günstig.

- So kannst du es einen Monat lang kostenlos testen.
- Es gibt eine Kurzlizenz von 6 Monaten für 29,00 Euro plus MwSt.
- Empfehlenswert für alle, die mehrere Bücher schreiben wollen ist die Vollversion für 79,00 Euro plus MwSt. Diese Lizenz ist zeitlich unbegrenzt.
- Du kannst aber auch später die Kurzlizenz zum Preis von 50,00 Euro auf die Vollversion updaten.

Ich habe gerade die Testversion für dieses Buch hier geordert. Solltest du also noch einen Fehler finden, freue ich mich über einen Hinweis. Meine Mailadresse findest du am Ende dieses Buches.

Hier der Link zur Website:

https://www.epc.de/unsere-loesungen/der-duden-korrektor-12-0-fuer-microsoft-office

Webseite zum Angebot des Duden Korrektors

Ein Video dazu gibt es hier:

https://youtu.be/sdQkaB0o-kkhttps://youtu.be/sdQkaB0o-kk

Hast du die Überarbeitung soweit abgeschlossen, gehe zum nächsten Punkt.

Lese dein Buch komplett durch - Wenn du zu jedem Punkt etwas geschrieben hast, solltest du dir den gesamten Text erst einmal im Zusammenhang durchlesen. Hier wirst du mit Sicherheit Stellen finden, die doppelt sind oder es wird dir noch verschiedenes zu einzelnen Themen einfallen, an das du noch nicht gedacht hast.

Streiche die doppelten Stellen rigoros weg, Leser mögen keine Wiederholungen. Das erzeugt den Eindruck, man wolle den Text strecken um mehr zu scheinen als zu sein. Ghostwriter machen das gern, denn sie werden nach Anzahl der Worte bezahlt.

Folgendes ist wichtig:

- Ist dein Text für jedermann verständlich?
- Hast du deinen Leser direkt angesprochen?
- Hast du irgendetwas vergessen?
- Spürt man, dass du weißt, worüber du schreibst?
- Hast du Überleitungen zum nächsten Kapitel geschrieben?
- Ist die Aufeinanderfolge deiner Haupt- und Unterkapitel logisch oder solltest du sie ändern?
- Hast du am Schluss ein einleuchtendes Fazit gezogen?

Lese dein Buch nach der ersten Überarbeitung noch einmal - Hast du deinen Text das erste Mal überarbeitet, lese ihn dir noch einmal durch oder besser, bitte einen Freund oder Verwandten, sich den

Text durchzulesen.

Wenn du den Text selbst liest, stelle dir die Frage, ob du auch ohne dein Fachwissen alles verstanden hättest. Sollten einige Passagen unverständlich sein, schreibe den Text um oder verbessere ihn, bis auch ein Laie den Sinn versteht.

Besser ist natürlich, ein anderer, der noch keine Ahnung von deinem Thema hat, liest das Buch. Der findet die Schwachstellen dann mit Sicherheit.

Erreicht dein Text sein Ziel? – Diese Frage solltest du dir immer wieder stellen. Wenn du dein Leser wärest, würde dein Buch genau die Fragen beantworten, die du als Leser hast? Sind deine Texte und Abbildungen zielführend? Erreichst du mit den gegebenen Informationen das Ziel, das dein Titel und dein Vorwort versprich?

Oder in meinem Fall: Kann mein Leser nach dem Lesen dieses Buches gute eBooks schreiben und dann auch so vermarkten, dass er gutes Geld damit verdient?

Ist dir Folge deiner Kapitel logisch – Kontrolliere beim Lesen deines Buches unbedingt, ob du in der Auflistung der einzelnen Kapitel auch eine logische Folge hast. Baut ein Kapitel auf das andere auf oder passt es eher hinter ein anderes?

Ist dein Fazit überzeugend – Am Schluss deines

Buches ziehst du im Schlusswort ein Fazit. Du erklärst noch einmal, worüber dieses Buch handelt und welches Ziel dein Leser damit erreichen soll. Und du zeigst deine Überzeugung, dass er dieses Ziel auch wirklich erreichen kann, wenn er genau nach dem Plan vorgeht, den du ihm aufgezeigt hast. Weil du und andere dieses Ziel mit deinem Buch auch schon erreicht haben.

Überprüfe deinen Text nach den hier gemachten Vorschlägen mindestens 3-mal. Dann sollte dein Text soweit fertig sein.

Jetzt fehlt nur noch das Inhaltsverzeichnis.

Inhaltsverzeichnis einfügen

Jedes Buch braucht ein Inhaltsverzeichnis und gerade für dein eBook ist es besonders wichtig. Denn in einem eBook ist es möglich, per Link direkt aus dem Inhaltsverzeichnis zu dem Kapitel zu springen, das dein Leser gerade lesen will.

Das Inhaltsverzeichnis kannst du ganz einfach anlegen. Ich zeige dir das hier in Microsoft Word, dem Programm, das ich und wohl auch die meisten von euch zum Schreiben benutze. In Open Office geht das aber sicher genauso oder ähnlich.

Das Inhaltsverzeichnis setze ich immer direkt nach der Titelseite an. Dazu schaffst du eine leere Seite, indem du am Ende der Titelseite die Taste „Strg" und „Return" gleichzeitig drückst. So entsteht ein Seitenumbruch, den du auch nach jedem Kapitelende setzen solltest.

Jetzt befindest du dich auf einer neuen Seite deines Word-Dokuments.

Jetzt klickst du im oberen Word-Menü auf „Referenzen" und siehst dann ganz links den Button „Inhaltsverzeichnis".

Wenn du daraufklickst, öffnet sich eine Menü mit der Auswahl verschiedener Formate für ein Inhaltsverzeichnis. Ich wähle immer die erste Variante.

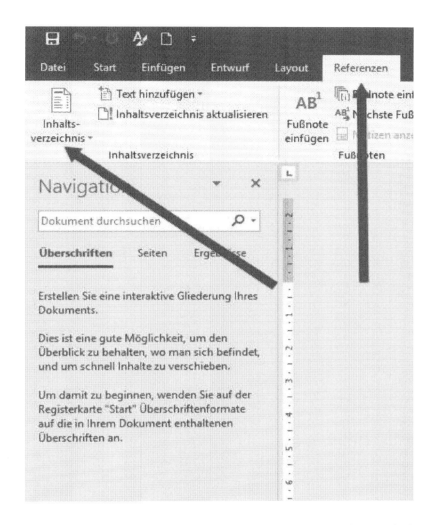

Abbildung zu Auswahl eines Inhaltsverzeichnisses bei Microsoft Word

Jetzt erstellt die Word automatisch ein Inhaltsverzeichnis. Es setzt sich aus allen Überschriften und Unterüberschriften deines eBook-Dokuments zusammen.

Dabei werden die Kapitelüberschriften, für die du H1 wählen solltest, angezeigt und die Unterüberschriften, für die du H2 wählen solltest, sind seitlich etwas nach rechts gerückt.

```
Inhalt
Vorwort......................................................................... 4
Finanzielle Freiheit ........................................................ 9
Aktives und passives Einkommen ................................ 11
    Finanzielle Freiheit mit aktivem Einkommen? .......... 11
    Finanzielle Freiheit mit passivem Einkommen ......... 12
    Warum sich eBooks so gut als passive Einkommensquelle eignen ... 13
    Was ist eigentlich ein eBook .................................... 16
Ohne sorgfältige Recherche solltest du nicht beginnen ... 18
    Amazon hilft dir, Nischen zu finden ......................... 18
    Was bedeutet der Amazon Bestseller Rang (ABSR) ... 24
    Kann ich mit meinem Thema Geld verdienen? ......... 26
    Keyword-Suche und Mitbewerber-Vergleich ............ 29
```

Beispiel eines Inhaltsverzeichnisses

Zum besseren Verständnis findest du hier noch ein YouTube-Video dazu:

https://www.youtube.com/watch?v=pEnr0cN_wQw

Die Seitenzahlen sind für dein eBook nicht relevant, da sich die Seiten ja abhängig von dem Gerät, auf dem das eBook dargestellt wird, verändern.

Auf einem Laptop wird pro Seite mehr Text abgebildet als auf einem Tablet oder einem Handy.

Deshalb entfernt Amazon in deinem eBook die Seitenzahlen automatisch.

Für das Taschenbuch, das du ja auch noch veröffentlichen solltest, sind diese Zahlen aber wichtig. Doch dazu später mehr.

Haftungsausschluss und Impressum

Es gibt zwei Dinge, die bei einem eBook oder Taschenbuch nicht fehlen dürfen. Das ist der Haftungsausschluss, der gerade bei Ratgebern wichtig ist und das Impressum.

Der Haftungsausschluss – Mit dem Haftungsausschluss soll vermieden werden, dass Haftungsansprüche an den Autor gestellt werden können.

Deshalb sollte der Haftungsausschluss folgendes enthalten:

- Einen Hinweis auf Gebrauchsnamen, Markenschutz und Warenbezeichnungen.
- Einen Ausschluss der Gewähr für etwaig vorhandene Fehler.
- Einen Ausschluss der Gewähr für Aktualität, Korrektheit und Vollständigkeit.

- Einen Ausschluss der Gewähr bei Nutzung der im Buch beschriebenen Vorgehensweisen.
- Einen Ausschluss der Verantwortlichkeit für Webseiten, zu denen verlinkt wird.

Impressum – Jedes Buch, egal ob eBook oder Taschenbuch, benötigt ein Impressum. Der wichtigste Teil des Impressums ist eine „ladungsfähige Adresse", unter der man den Verantwortlichen für dieses Buch erreicht kann.

Das Impressum enthält in der Regel:

- den Namen des Autors, das kann auch ein Pseudonym sein,

- das Jahr der Auflage,
- bei einem Taschenbuch die ISBN-Nummer
- eine ladungsfähige Adresse
- den Verantwortlichen für die Covergestaltung
- den Lieferer des Cover-Bildes

Für die Vollständigkeit der Angaben zu Haftungsausschluss und Impressum kann ich natürlich ebenfalls keine Gewähr übernehmen.

Verbindliche Hinweise kann da nur ein Anwalt geben.

Den richtigen Titel finden

Einen richtigen Titel finden, ist gar nicht so einfach. Zum einen sollte er so einfach sein, dass man ihn sich gut merken kann. Zum anderen sollte er „Pfiff" haben, was mir bei meinen Büchern leider noch nicht so richtig geglückt ist. Vielleicht bist du ja einfallsreicher als ich. Oder hast sogar einen Tipp für mich. Am Ende des Buches findest du meine Mail-Adresse, da kannst du mir gern schreiben.

Auf jeden Fall sollte im Titel dein wichtigstes Keyword enthalten sein. Denn der Titel ist eines der wichtigsten Suchkriterien für Amazon. Ein Punkt, der von vielen Autoren nicht genutzt wird.

Bitte reihe aber nicht viele Suchworte aneinander. Auch das sieht man immer wieder und Amazon mag das gar nicht. Neueste Informationen sagen, das Amazon solche Keyword-Staffeln in Zukunft verbieten wird.

Fett Verbrennen am Bauch: Erfolgreich Abnehmen: Fett Weg am Bauch (Fett Verbrennung, Abnehmen ohne zu Hungern, Abnehmen Endlich Erfolgreich, Abnehmen Tipps) 3. November 2014 | Kindle eBook

Beispiel für Keyword Staffel in einem Buch-Titel

Es ist nicht gerade einfach, den richtigen Mittelweg zwischen einem pfiffigen und einem Keyword optimierten Titel zu finden. Überlege dir so viele Titel wie möglich und lass in deinem Freundeskreis oder in der Familie abstimmen. So kommst du sicher zu einem optimalen Ergebnis.

Neben dem Titel kannst du auch noch einen Untertitel angeben, wenn du dein eBook bei KDP anmeldest. KDP (Kindle Direct Publishing) ist der Bereich bei Amazon, in dem du deine Bücher verwaltest. Du findest ihn unter https://kdp.amazon.com/de_DE. Diesen Bereich stelle ich dir später noch im Einzelnen vor.

Auch dein Untertitel sollte so gewählt werden, dass 1 – 2 deiner wichtigsten Suchworte darin vorkommt.

Den Titel deines eBooks kannst du in deinem KDP Account jederzeit ändern, sodass du da auch experimentieren kannst. Solltest du aus deinem eBook auch ein Taschenbuch erstellen wollen, kannst du den Taschenbuchtitel jedoch später nicht mehr ändern.

Ein Super Cover erstellen

Das Cover, gemeint ist damit erst einmal das kleine Bild, das man bei Amazon sieht, wenn man dein Buch findet, ist der wichtigste Bestandteil deines Buches gleich nach deinem Text.

Viele behaupten sogar, es wäre wichtiger als der Buchtext selbst, da das Cover das erste ist, was den Leser und Käufer veranlasst, sich näher mit deinem Buch zu beschäftigen.

Verschiedene Coverbeispiele auf Amazon.de

Gerade beim Cover werden die meisten Fehler gemacht, da viele Kindle-Autoren sich das selbst mit einem Grafikprogramm zusammenschustern und ihr Buch dann bei Amazon ein Mauerblümchendasein fristet. Gerade im Bereich der Ratgeber sind die meisten Cover langweilig.

Dein Cover muss sofort Aufmerksamkeit erregen. Es

muss sich deutlich von der breiten Masse der anderen Bücher deiner Kategorie abheben und neugierig machen. Deshalb rate ich dir, für dein Cover ruhig Geld auszugeben. Sicher, ein guter Cover Designer kostet einiges an Geld. Dafür bekommst du aber Qualität, die sich schon schnell bezahlt machen wird.

Es gibt Plattformen im Internet, auf denen du gute Cover Designer finden kannst.

Hier zwei gute Beispiele:

https://99designs.de/ebook-cover-design

https://www.designenlassen.de/ebook-cover-design

Für weniger Geld bekommst du Cover bei:

https://www.machdudas.de/jobber/neu

https://www.fiverr.com/

Wähle aber nie den billigsten und verabrede, dass du mehrere Vorschläge bekommst, um dich dann für den besten zu entscheiden.

Wenn du gar kein Glück mit einem guten Designer hast oder dir erst einmal das Geld fehlt, um ein perfektes Cover zu kaufen, kannst du auch erst einmal die Hilfe von Amazon annehmen.

Amazon bietet dir in deinem KDP-Mitgliederbereich bei der Einstellung deines eBooks die Möglichkeit, mit dem Cover Designer auf recht einfach Art ein Cover zu erzeugen.

Dazu findest du ein Video auf der KDP Hilfeseite: https://kdp.amazon.com/de_DE/help/topic/G201834290

Der Coverdesigner von Amazon.de

Hier wird dir erklärt, wie du ein recht ansehnliches Cover selbst erstellen kannst. Aber das wird sicher nicht an ein Cover herankommen, dass dir ein guter Designer anfertigt.

Du kannst jedoch dein eBook Cover und auch dein Taschenbuch Cover jederzeit in deinem KDP Mitgliederbereich ändern. Wenn du also das erste Geld verdient hast ...

Was du auf jeden Fall machen solltest ist, dir ein professionell erstelltes Bild für dein eBook zu kaufen.

Ich kaufe meine Bilder bei Adobe Stock:

https://stock.adobe.com/de/

Abbildung Webseite Adobe Stock

Allerdings musst du da nach der kostenlosen Anmeldung ein Kontingent an Credits kaufen, mit denen du dein Bild dann bezahlst.

Das kleinste Credit-Paket kostet 39,95 Euro plus MwSt. und beinhaltet 5 Credits. Ein Cover-Bild sollte die ungefähre Größe von 1000 x 1500 Pixel haben, damit es in bester Qualität abgebildet wird.

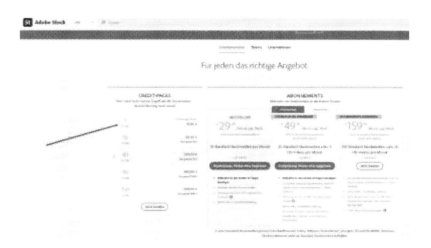

Wenn Du mehrere Bücher schreiben oder schreiben lassen willst, lohnt sich sicher auch ein größeres Paket oder sogar ein Abo, bei dem Du z.B. für 29,99 Euro plus MwSt.10 Bilder pro Monat erhältst.

Für ein Cover solltest du nur Bilder wählen, die eine vertikale Ausrichtung haben, also hochkant abgebildet sind. Diese Einstellung kannst du vorwählen.

Wenn du Freunde oder die Familie an der Auswahl deines Cover-Bildes beteiligen möchtest, kannst du die ausgewählten Bilder aber auch erst einmal in einer geringen Qualität als kostenlose Layout-Bilder downloaden.

Jedes Bild, das Du im Internet findest, ist mit einem Copyright geschützt. Wenn Du geschützte Bilder einfach verwendest, kannst Du eine teure Abmahnung bekommen. Bei Adobe Stock wird dir das Recht am Bild übertragen. Was du damit machen darfst, wird in einer Lizenz geregelt.

Neben Bildern, die du kaufen musst, gibt es auch kostenlose Bilder im Internet, die keinem Copyright unterliegen. Trotzdem kommt es immer wieder einmal vor, dass Fotographen, die ihre Bilder einer Plattform für kostenlose Bilder zur Verfügung stellen, später, wenn jemand das Bild für kommerzielle Zwecke nutzt, auf einen Anteil am Gewinn klagen. Deshalb ist hier Vorsicht geboten.

Kostenlose Bilder gibt es zum Beispiel bei:

https://pixabay.com/

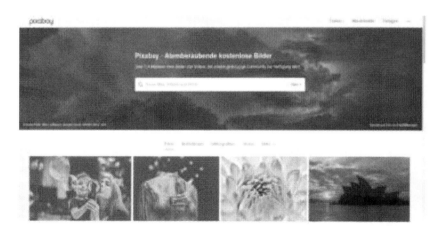

Abbildung Webseite Pixabay.com

Du wirst aber schnell merken, dass die Bilder bei Pixabay.com bei Weitem nicht die Qualität haben, die du bei Adobe Stock bekommst.

Ein weitere, sehr gute Adresse ist:

https://de.depositphotos.com/

Abbildung Webseite deporitphotos.com

Dort findest du die mit Abstand besten und professionellsten Bilder. Aber leider musst du da ein Abo abschließen, dass dir eine gewisse Zahl an Bilder pro Monat zur Verfügung stellt.

Das Layout optimieren

Unter Layout versteht man das Erscheinungsbild deines Buches. Dazu gehört alles was das Aussehen betrifft. Über das Cover haben wir ja schon gesprochen, jetzt geht es um das Layout deines Textes.

Dabei ist es sehr wichtig, einige Dinge zu beachten.

Bevor du daran gehen solltest, dein Layout zu optimieren, empfehle ich dir, dein Textdokument erst einmal im „Kindle Previewer" anzusehen.

Den Kindle Previewer kannst du hier downloaden:

https://www.amazon.com/gp/feature.html?ie=UTF8&docId=1000765261

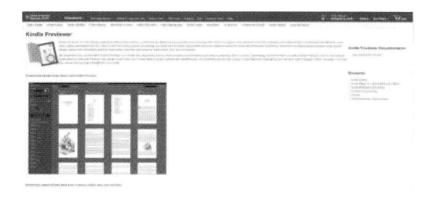

Abbildung der Downloadseite des Kindle Previewers

Mit Hilfe dieses Programms kannst du genau sehen, wie dein eBook auf einem Handy, einem Tablet oder einem Kindle Reader aussieht. So verschaffst du dir erst einmal einen guten Überblick darüber, wie die einzelnen in Word oder Open Office geschriebenen Seiten aussehen.

Für die Formatierung deines eBooks eignet sich besonders der ebenfalls von Amazon angebotene Kindle Create, den du unter https://kdp.amazon.com/de_DE/help/topic/GHU4YEWXQGNLU94T

downloaden kannst.

Der Kindle Create Editor in Aktion

Beim Kindle Create handelt es sich um einen richtigen Editor, mit dem du dein eBook auch schreiben könntest. An den Komfort, den Microsoft

Word oder Open Office bietet, kommt er allerdings noch nicht heran.

Der Kindle Create eignet sich aber ausgezeichnet dazu, Überschriften zu setzen, oder, wie hier abgebildet, eine neue Kategorie mit einer „hängenden Initiale", also einem großen Buchstaben zu beginnen.

Achtung:

Den Kindle Create kannst du nur für die Formatierung deines eBooks verwenden. Für das Formatieren eines Taschenbuches ist er nicht geeignet. Der Kindle Create speichert dein Buch in einer Datei mit der Amazon eigenen Endung „.kpf". Für ein Taschenbuch allerdings benötigst du eine PDF-Datei. Doch dazu später mehr.

Folgendes ist bei der Formatierung zu beachten

Wie sieht die Titelseite aus – Passen Titel und Untertitel gut auf eine Seite oder verteilen sie sich auf mehrere Seiten. Das passiert schnell, denn in deinem Textprogramm schreibst du dein eBook im Format DIN A4, während die Geräte auf denen das

Buch später gelesen wird, ein anderes Format darstellen.

Widmung – Es ist wichtig, dass dein Leser dich sympathisch findet, denn dann entwickelt er von vornherein eine positive Einstellung zu deinem Buch. Hier eignet sich sehr gut eine Widmung, die gleich nach dem Titel eingefügt wird.

So kannst du zum Beispiel dein Buch deiner Frau und deiner Familie widmen, die die viele Zeit, in der du dieses Buch geschrieben hast, auf dich verzichten mussten.

Achte auf deine Überschriften - Amazon untersucht deinen gesamten Text beim Hochladen in KPD und misst den Überschriften dabei besonderen Wert zu.

Deine Überschriften werden da wie Keywords behandelt und haben Einfluss darauf, in welchen Bereich dein Buch eingeordnet wird. Verwende daher immer deine wichtigsten Keywords in den Überschriften. Aber bitte nur so, dass es den Leser nicht stört und die Logik noch vorhanden ist.

Sorge dafür, dass dein Text gut lesbar ist – Neben den Überschriften sind die Absätze im Text ein wichtiges Gestaltungsmerkmal.

Ich sehe immer wieder Bücher, in denen es ellenlange Absätze gibt. Da graut es mir schon davor, das Lesen zu beginnen. Deshalb gliedere ich meine Texte immer in überschaubare Absätze mit 2 – 4 Sätzen. Immer dann, wenn ein Gedanke abgearbeitet ist, folgt bei mir ein neuer Absatz.

Das führt dazu, dass der Leser meinen Gedanken auch folgen und sich so Schritt für Schritt durch den Text arbeiten kann. Und das Text-Bild erschlägt ihn nicht gleich.

Natürlich ist diese Aufteilung Geschmacksache und es liegt an dir, wie lang du deine Absätze machst. Richte dich dabei einfach nach deinem Gefühl und deinen Vorstellungen.

Untertitel für Bilder - Setze unter jedes Bild einen Untertitel, den du in der Schriftgröße kleiner machst als den Normaltext. Zum einen zeigst du dem Leser noch einmal, welche Bedeutung das Bild hat und zum anderen gehst du damit vielleicht urheberrechtlichen Fragen aus dem Weg, indem du die Herkunft des Bildes mit angibst.

Keine Seitenzahlen – In einem eBook ist es nicht möglich, über Verlinkung aus dem Inhaltsverzeichnis zu den einzelnen Seiten zu springen. Hier kannst du nur zu den einzelnen Überschriften gelangen. Deshalb benötigt dein eBook auch keine Seitenzahlen. Bei einem Taschenbuch ist das anders, da **musst** du unbedingt Seitenzahlen einfügen.

Informationen zum Autor – Nach dem Schlusswort, in dem du noch einmal ein Fazit über das Thema deines Buches ziehen solltest, ist es empfehlenswert, noch einmal einiges über dich, also über den Autor zu schreiben.

- Wer bist du,
- Wie bist du zum Schreiben gekommen.
- Was qualifiziert dich für das Thema deines Buches.
- Über welche Themen hast du schon geschrieben.
- Was willst du in naher Zukunft veröffentlichen.
- usw.

Hier solltest du auch einen Link zu deiner Autorenseite einfügen, denn die ist so etwas wie dein eigener Shop bei Amazon. Dazu später mehr.

Fordere zu Rezensionen auf – Das hat jetzt zwar weniger mit der Formatierung zu tun, aber Du solltest am Ende deines Buches deinen Leser bitten, dein Buch mit einer freundlichen Rezension zu bewerten.

Schreibe ihm da Schritt für Schritt auf, was er zu tun hat und das dafür nur wenige Minuten erforderlich sind.

- Einloggen bei Amazon.

- Klicken auf „meine Bestellungen".
- Zur eBook Bestellung gehen.
- Eine Rezension von mindestens 10 Worten schreiben.
- Fertig.

Bitte deinen Leser noch, den Teil des Buches zu erwähnen, der ihm am wichtigsten war.

Zusätzlich solltest du eine Mail-Adresse hinterlassen, an die deine Leser Fragen stellen oder Verbesserungsvorschläge senden können. Nimm dir dazu einfach eine kostenlose Adresse von Web.de, Gmail oder ähnlichen Anbietern, die du nur für dieses Buch nutzt.

Sehr hilfreich ist auch eine geschlossene Facebook-Gruppe, in der deine Leser sich gegenseitig austauschen können und wo du dann immer wieder für deine weiteren eBooks werben kannst.

Wie du eine geschlossene Facebook-Gruppe sehr schnell und einfach einrichten kannst, wird in vielen Videos auf Youtube.de gezeigt.

Danksagung – Sollten mehrere Personen an deinem Buch mitgewirkt haben, empfiehlt es sich, am Ende des Buches eine Danksagung einzufügen. Sicher hast du das schon häufiger einmal gesehen.

Eine Danksagung vermittelt deinem Leser ein gutes

Gefühl und macht dich als Autor noch sympathischer.

Aktionsplan – Bei Ratgebern, wie ich sie schreibe und sicher auch du sie schreiben wirst, empfiehlt sich am Schluss noch, einen Ablaufplan für die Problemlösung zu schreiben. Hier könntest du noch einmal als Ablaufliste die einzelnen Abläufe aufzeigen, die zur Lösung des Problems, hier also zum Schreiben eines eBook, notwendig sind.

Impressum und Haftungsausschluss – Jedes eBook braucht ein Impressum. Hier musst du deinen Namen und eine ladungsfähige Adresse angeben.

Das ist sehr wichtig. Wenn du das versäumst, kannst du abgemahnt werden und das wird teuer.

Ghostwriter schreiben lassen

Ich habe schon als Schulkind gern geschrieben und meine Aufsätze sind, soweit ich mich erinnern kann, immer gelobt worden.

Deshalb bin ich froh und glücklich, heute als Buchautor diesem schönen Zeitvertreib nachgehen zu können.

Besonders schön finde ich es, anderen damit helfen zu können.

Da ich schon viele Jahre selbstständig bin und aufgrund zu geringer Einnahmen nicht privat in die Rentenversicherung einzahlen konnte, ist mein Rentenanspruch sehr gering.

Deshalb forsche ich seit Jahren nach Möglichkeiten, zusätzlich Geld im Internet zu verdienen und habe mir zum Glück auch schon verschiedene passive Einkommensströme aufbauen können. Dieses Wissen gebe ich jetzt in Form von Büchern an andere weiter, denen es ähnlich wie mir geht.

So kann ich anderen helfen und verdiene auch noch Geld damit. Das ist doch ideal.

Nicht jedem liegt es, Texte zu schreiben.

Nun könnte man natürlich sagen: Dann ist das Veröffentlichen von eBooks, um damit Geld zu verdienen, eben nichts für dich. Das wäre ja eigentlich auch richtig, wenn es nicht die Zunft der Ghostwriter gäbe.

Ghostwriter sind nichts Unehrenhaftes

Wer, glaubst du, hat das Buch von Helmut Schmidt „Was ich noch sagen wollte" geschrieben. Als Autor ist da bei Amazon Helmut Schmidt verzeichnet, recht bescheiden in einer Ecke steht dann aber der Name „C.H. Beck". Das ist der eigentliche Schreiber, der Ghostwriter, dem Helmut Schmidt seine Geschichte erzählt und der dann ein Buch daraus gemacht hat.

Abbildung Kindle eBook von Helmut Schmidt auf Amazon.de

Fast alle berühmten Personen, ob Politiker, Schauspieler, Sportler, bedienen sich beim Schreiben Ihrer Memoiren Ghostwritern.

Viele eBook-Autoren, besonders die, die ihre Bücher von einem Ghostwriter schreiben lassen, geben als Autor nicht ihren Namen an, sondern verwenden ein Pseudonym. Oftmals auch deswegen, weil sie zwischen den Themen hin- und herspringen, sich also nicht als Autor profilieren, sondern einfach für die Themen schreiben lassen, die hohe Einkünfte versprechen.

Inzwischen gibt es aber so viele Pseudoautoren, die von Ghostwritern schreiben lassen, dass in den beliebten Kategorien wie:

- Dating
- Abnehmen
- Rezepte
- Gesundheit

täglich neue Bücher erscheinen und die bereits vorhandenen immer wieder auf die hinteren Plätze verdrängen.

Die Folge ist, dass sie immer neue Bücher schreiben lassen müssen, um wirklich Geld zu verdienen. Passives Einkommen sieht anders aus.

Solltest du nicht in der Lage sein selbst zu schreiben, dann halte dich zumindest von diesen Themen fern und suche dir eine Kategorie, in der du auch auf Dauer Geld verdienen wirst.

Wie du diese Nischen findest, haben wir ja im Kapitel „Amazon hilft dir, Nischen zu finden" schon besprochen.

Worauf du bei einem Ghostwriter unbedingt achten solltest

Ghostwriter sind oft Menschen, die sich während des Studiums Geld hinzuverdienen wollen oder andere, die vielleicht als Alleinerziehende Geld von zuhause aus verdienen müssen.

Inzwischen gibt es sogar hauptberufliche Ghostwriter, denn die Nachfrage ist sehr groß.

Ich habe es ja gerade schon erwähnt, immer mehr Pseudoautoren versuchen, mit Kindle eBooks Geld zu verdienen. Und die denken gar nicht daran, selber zu schreiben.

Das können sie auch nicht, denn zu diesem Geschäftsmodell gehört es, 2 – 3 Bücher die Woche zu veröffentlichen um möglichst schnell einen Pool von 30 – 50 Büchern zu haben.

Wenn dann jedes Buch nur einmal am Tag verkauft wird, kann man schon ganz gut davon leben.

Ghostwriter waren anfangs, als dieser Kindle-Boom begann, durchaus bereit für einen Cent pro Wort zu schreiben. Das ist heute wegen der hohen Nachfrage anders.

Ghostwriter, besonders gute Ghostwriter, sind knapp und auf Wochen hinaus ausgebucht. Das führt dazu, dass gute Ghostwriter heute nicht mehr unter 5 Cent pro Wort schreiben.

Es sei denn, du wählst einen Ghostwriter, der in Afrika wohnt, bei dem du massenhaft Fehler beseitigen musst und der oft genug alle Teile des Buches im Internet zusammenkopiert. Ja wirklich, das ist gar nicht so selten.

Ein gutes Buch hat eine Länge von 10.000 bis 12.000 Worten. Bei einem Preis von 5 Cent je Wort sind das 500.00 – 600,00 Euro für den Ghostwriter. Früher waren das 100,00 bis 120,00 Euro bei einem Cent je Wort. Das war noch interessant, denn dieser Betrag ist schnell wieder eingespielt. Bei 600,00 Euro sieht das schon anders aus.

Ghostwriter findest du hier:

https://www.machdudas.de/jobs-neu

https://www.textbroker.de/home-a

https://www.ebay-kleinanzeigen.de/s-ghostwriter/k0

http://www.schreibenlassen.com/

https://www.global-texter.com

http://www.ghostwriter-plus.de/

Bei Google findest du sicherlich noch Weitere.

Mein Tipp:

Entscheide dich für eine Nische, die speziell ist aber trotzdem lukrativ. Ich denke da zum Beispiel an die Kategorie „Börse & Geld".

Fahre dann zu einer Hochschule in deiner Nähe, in der Volks- und Finanzwirtschaft oder Betriebswirtschaft unterrichtet wird und hänge einen Zettel an das Schwarze Brett, auf dem du Jemanden suchst, der für dich Texte zum Thema Börse und Geld schreibt.

Ich bin sicher, du bekommst viele gute Angebote, denn Studenten brauchen immer Geld.

Vertrag mit dem Ghostwriter abschließen

Wenn du einen Ghostwriter über eine Plattform wie MachDuDas.de, Textbroker.de oder ähnliche beauftragst, gelten in der Regel die AGB dieser Plattformen. Trotzdem rate ich dazu, auch mit diesem Ghostwriter einen Vertrag zu schließen.

Das gilt besonders dann, wenn du den Ghostwriter über eBay oder sonst irgendwie allein findest.

Das gehört in einen Ghostwriter-Vertrag

Die Vertragspartner – Hier werden die Vertragspartner, also der Ghostwriter und du, genau benannt. Hier muss auch stehen, dass der Ghostwriter als Vertragspartner die Leistung selbst zu erbringen hat. Es gibt immer wieder Scharlatane, die einen Auftrag annehmen und dann bei Fiverr.com einen Afrikaner den Text für wenig Geld schreiben lassen. Entsprechend ist am Ende die Qualität.

Die Leistung an sich und der Umfang der Leistung

– Was soll geschrieben werden, in deinem Fall ein eBook, wie viele Worte soll der Text haben und welche Qualität verlangst du.

Mache dir hier sorgfältig Gedanken und lege am besten selbst das Inhaltsverzeichnis an, das der Ghostwriter dann abarbeiten soll.

Bei der Qualität solltest du darauf achten, dass in einer verständlichen Sprache geschrieben wird und Fachausdrücke zusätzlich erklärt werden.

Stelle klar, dass keine Texte einfach so aus dem Internet kopiert werden dürfen und zitierte Stellen mit Fußnoten kenntlich gemacht werden und in einem Quelltext-Verzeichnis am Ende des Buches aufgelistet werden müssen.

Der zeitliche Rahmen – Hier legst du fest, wann der Ghostwriter die Arbeit abzuliefern hat. Schreibe hier klar und deutlich, dass der Text für einen Festpreis erstellt wird. Der genaue zeitliche Rahmen ist wichtig, damit du nicht ewig auf dein Buch warten musst.

Der Preis – Hier legst du den Preis von x Cent pro Wort fest und begrenzt die Länge des Textes auf eine bestimmte Anzahl an Worten. Lege dich da nicht auf eine Spanne fest, sondern schreibe, dass der Text nicht länger sein soll als zum Beispiel 12.000 Worte. Schreibt der Ghostwriter mehr, ist das sein Problem oder er muss sich melden, um nachzuverhandeln.

Übertragung aller Nutzungsrechte – Grundsätzlich vorweg, ich kann und darf hier keine Rechtsberatung geben. Das darf nur ein Anwalt und idealerweise solltest du dir von einem Anwalt auch einen Vertrag mit dem Ghostwriter ausarbeiten lassen. Ich kann hier nur einmal aufführen, was ich für wichtig halte.

Jeder geschriebene Text unterliegt dem Copyright. Dieses Recht kann laut Gesetz nicht abgetreten werden.

Was der Ghostwriter aber abtreten muss, sind alle Nutzungsrechte am Text. Außerdem muss er bestätigen, dass er keine Inhalte verwendet hat, auf die andere ein Nutzungsrecht haben.

Das bedeutet, dass er keine Inhalte einfach kopiert hat. Sollte sich im Nachhinein herausstellen, dass doch Urheberrechte im Text verletzt wurden, muss der Ghostwriter ausdrücklich vertraglich die Verantwortung dafür übernehmen.

Damit hältst du dich in diesem Fall schadlos.

Hüte dich vor Plagiaten

Alle Ghostwriter, die du über eine Plattform wie MachDuDas.de und ähnliche gewinnen kannst, bieten ihre Schreibkünste für mehrere Themen an.

In der Regel sind es 4 – 5 verschiedene Themen, über die dann immer wieder geschrieben wird. Da kommt es unweigerlich dazu, dass Textstellen immer wieder einmal verwendet werden. Im besten Fall werden die dann etwas umgeschrieben.

Nicht selten verkaufen unehrenhafte Ghostwriter einen Text aber auch mehrmals.

Amazon scannt alle eBook Texte beim hochladen und erkennt oftmals diese doppelten Texte. Dann wird dein Buch erst gar nicht zur Veröffentlichung zugelassen.

Zum Glück für dich. Denn viel schlimmer ist es, wenn dich jemand wegen deines Plagiates verklagt und einen teuren Schadenersatz von dir verlangt. Deshalb solltest du jeden Text. den du nicht selbst geschrieben hast, einer Plagiatsprüfung unterziehen.

Möglich ist das zum Beispiel auf der Webseite https://www.plagscan.com/plagiat-check/

Website von plagscan.com

Hier kannst du deinen eBook Text einfach hochladen und bekommst dann einen Plagiatsbericht, in dem Textstellen, die es wortgleich im Internet schon gibt, farblich markiert sind.

Selbst die Quellen werden genau aufgelistet und du kannst so deinen Ghostwriter auffordern, entweder die Passagen umzuschreiben oder ein Quellenverzeichnis anzulegen, in dem dann diese Stellen exakt aufgelistet werden.

Anmelden bei KDP

Dein Buch ist jetzt fertig und kann bei Amazon veröffentlicht werden. Um dich bei KDP anmelden zu können, brauchst du allerdings ein Konto bei Amazon. Die Anmeldung bei Amazon ist jedoch recht einfach. Wenn du schon einmal etwas über Amazon gekauft hast, hast du da schon einen Account. Wenn nicht gehe folgendermaßen vor:

Du gehst auf die Seite von Amazon.de und klickst dort oben rechts auf „Mein Konto".

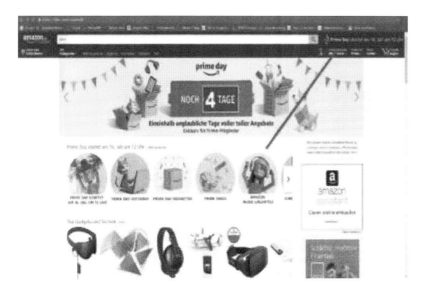

Webseite von Amazon.de

Dann öffnet sich ein Fenster, in dem du auf das Banner „Erstellen Sie Ihr Amazon-Konto" klickst.

Fenster zum Erstellen eines Amazon-Kontos
Es öffnet sich ein weiteres Fenster, das folgendermaßen aussieht:

Fenster zum Ausfüllen der Anmeldung bei Amazon

Hier füllst du jetzt bitte die Felder aus und klickst auf „Erstellen Sie Ihr Amazon-Konto". Du erhältst jetzt eine Mail mit einem Bestätigungslink und schon hast du einen Amazon Account.

Bei KDP kannst du dich jetzt mit den gleichen Daten Anmelden, mit denen du dich auch bei Amazon anmeldest.

Gehe dazu bitte auf https://kdp.amazon.com/de_DE/

Hier siehst du folgendes Bild:

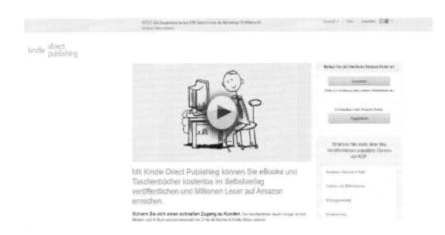

Website von kdp.amazon.de

Hier meldest du dich mit deinen Amazon-Daten an und kommst in den Bearbeitungsbereich für eBooks und Taschenbücher.

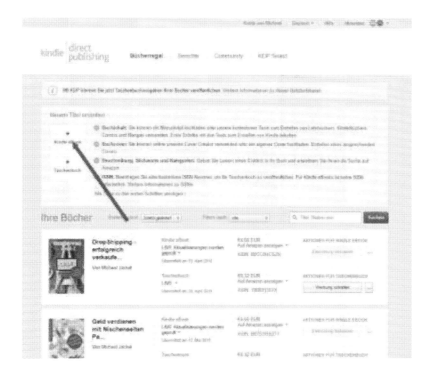

Interner Bereich von kdp.amazon.de

Bei dir sind jetzt natürlich noch keine Bücher verzeichnet. Du musst jetzt erst noch dein eBook einrichten. Dazu klickst du auf das mit dem Pfeil markierte Banner und hast jetzt die Möglichkeit, alle Einzelheiten deines eBooks einzutragen.

Dein eBook veröffentlichen

Wenn du jetzt im internen Bereich von KDP bist, kannst du die einzelnen Felder ausfüllen, die wir jetzt gemeinsam durchgehen.

Sprache – Die Sprache ist schon mit „Deutsch" vorgegeben. Solltest du ein englischsprachiges Buch veröffentlichen wollen, musst du hier die Sprache auf „Englisch" umstellen.

Buchtitel – Hier trägst du deinen Buchtitel ein. Wie du den gestalten solltest, haben wir ja besprochen.

Untertitel – Das Gleiche gilt auch für den Untertitel.

Serie – Wenn du eine Serie, zum Beispiel Krimis von einem Kommissar schreiben willst, kannst du hier einen Seriennamen und eine Seriennummer angeben. Für Ratgeber lassen wir das frei.

Auflage – Auch das kannst du frei lassen.

Autor – Hier trägst du den Vornamen und den Nachnamen des Autors ein. Entweder deinen eigenen Namen oder, wenn du willst, ein Pseudonym. Ich rate dir, immer in einem Themengebiet unter deinem Namen zu schreiben.

Mitwirkende – Hier kannst du Mitwirkende an deinem Buch erwähnen. Manchmal findet sich für ein paar Euro eine bekannte Größe auf dem Gebiet, in dem dein Buch angesiedelt ist, die für dich das Vorwort schreibt. Diesen Menschen könntest du dann dort eintragen.

Beschreibung – Die Beschreibung, besser Produktbeschreibung, ist für die Werbung deines Buches der wichtigste Punkt. Denn jeder, der sich für dein Buch interessiert, wird sich die Beschreibung durchlesen. Sie ist fester Bestandteil des Angebots und wird angezeigt, wenn jemand auf die Angebotsseite deines Buches bei Amazon klickt.

Hier solltest du dem interessierten Kunden zeigen, was in deinem Buch steckt. Die Beschreibung sollte unbedingt Suchwort optimiert sein, das heißt, dein Haupt-Suchwort sollte mit mindestens 2,5 % vorkommen und auch deine Neben-Nebensuchwörter sollten öfter benutzt werden.

Verwende hier die Suchwörter, die du später dann auch in KDP einträgst. Doch dazu gleich.

Hier als Beispiel die Produktbeschreibung meines Buches „Dropshipping von A-Z":

Buchbeschreibung „Dropshipping von A-Z"

Für deine Buchbeschreibung stehen dir 4.000 Zeichen zur Verfügung und die solltest du auch so vollständig wie möglich ausnutzen.

Denn dein potenzieller Kunde hat nur den „Blick ins Buch" und deine Produktbeschreibung, um zu beurteilen, ob er das Buch kauft oder nicht.

Veröffentlichungsrechte – Hier bescheinigst du, dass du das Urheberrecht und die Veröffentlichungsrechte an deinem Text hast.

Stichwörter – Hier trägst du die Suchwörter ein, die du für dein Thema ermittelt hast. Du darfst hier 7 verschiedene Suchwörter oder Suchwort-Phrasen eintragen.

Kategorien – Hier trägst du die Kategorien ein, die du am Anfang des Schreibens für deinen Text als optimal ermittelt hast.

Alters- und Schuljahresstufe – Diesen Punkt kannst du übergehen, es sei denn du schreibst erotische Geschichten. Da solltest du dann lieber 18+ auswählen.

Veröffentlichungsoption – Hier bestätigst du, dass du bereit bist, dein Buch zu veröffentlichen.

Klicke jetzt auf „Speichern und fortfahren".

Im nächsten Fenster geht es jetzt um den Inhalt deines Buches und das Cover

Digitale Rechteverwaltung – Hier solltest du „Ja" markieren.

Manuskript – Hier lädst du jetzt dein überarbeitetes, fehlerfreies und optimal formatiertes Text-dokument bevorzugt im KPF-Format des Kindle Create hoch. Möglich sind auch die Formate DOC, DOCX, HTML, MOBI, RTF und TXT.

Raten kann ich aber nur zu DOCX und KPF. Bei allen anderen Formaten kann es zu Darstellungs-problemen kommen.

Cover des Kindle eBooks – Hier wird jetzt das Cover-Bild für dein eBook hochgeladen. Das Cover-Bild sollte im JPEG Format oder TIFF Format vorhanden sein und eine Größe von 1000 x 1500 Pixel haben. Die ideale Auflösung ist 300 DPI.

Ist dein Cover-Bild noch nicht fertig, also solltest du noch nicht den Titel, den Autor und etwaige Hinweise zum Inhalt in das Bild eingefügt haben, kannst du das mit dem Cover Creator noch erledigen.

Wie du da vorgehen musst, wird dir genau erklärt.

Cover Creator von kdp.amazon.de

Vorschau des Kindle eBooks – Jetzt starte bitte die Vorschau. Nach einiger Zeit, Amazon muss deinen Text erst noch in das Kindle-Format umwandeln und das Cover erzeugen, kannst du dein eBook auf dem Bildschirm betrachten.

Dazu kannst du es dir als Tablett, als Handy oder als Kindle eBook Reader anzeigen lassen.

Blättere bitte alle Seiten durch und schau dir an, ob alles in Ordnung ist. Wenn nicht, berichtige die Fehler und lade deine Datei erneut hoch.

Erst wenn alles zu deiner Zufriedenheit ist, geht es weiter.

ISBN des Kindle eBooks – Diesen Punkt kannst du übergehen, denn du benötigst für ein eBook keine ISBN-Nummer.

Wenn alles in Ordnung ist, klicke auf „Speichern und fortfahren".

Jetzt bist du schon fast fertig. Auf der folgenden Seite geht es nur noch ums Geld verdienen.

Anmeldung bei KDP Select – Amazon möchte natürlich gern der einzige Anbieter sein, der dein eBook im Programm hat. Deshalb wurde KDP Select ins Leben gerufen. Mit der Teilnahme an KDP Select verpflichtest du dich, dein Buch 6 Monate lang nicht bei einem anderen eBook Anbieter zu veröffentlichen.

Als Belohnung wirst du im Kindle Shop besser, also auf vorderen Plätzen gelistet und du kannst mit deinem Buch besondere Werbeformen nutzen. Dazu gehört die Möglichkeit, das eBook 5 Tage lang kostenlos anzubieten.

Der Vorteil dieser kostenlosen Promo ist, dass dein Buch sehr oft geladen wird und du so schnell einen Platz auf der ersten Seite der Suchergebnisse erreichen kannst.

Zusätzlich wird dein Buch dann auch bei Kindle Unlimited (KU) und in der Kindle Leihbücherei (KOLL) angeboten. In beiden Fällen bekommst du Geld, wenn dein Buch gelesen wird.

Deshalb solltest du KDP Select auswählen.

Länder – Hier kannst du bestimmte Länder auswählen, in denen dein Buch erscheinen soll. Wähle hier einfach alle aus.

Tantiemen und Preis – Amazon bietet 2 Modelle an, Tantiemen zu erzielen. In der ersten Variante bekommst du 35 % vom Verkaufspreis. Hier hast du die Möglichkeit, dein eBook ab einem Preis von 0,99 Euro anzubieten. Der Preis von 0,99 Euro eignet sich sehr gut für die Einführung oder für Werbemaßnahmen. Denn bei einer hohen Zahl an Verkäufen wird dein Buch schnell weit vorn gelistet.

Bei der 2. Variante bekommst du 70 % Tantiemen. Hier muss dein Buch aber mindestens 2,99 Euro kosten. Das ist der Grund, warum so viele eBooks im Kindle Shop für 2,99 Euro verkauft werden.

Mein Rat: Verkaufe anfangs erst einmal dein Buch für 0,99 Euro bei 35 % Tantiemen und biete es bei Facebook in Gruppen an, die sich mit eBooks und Neuerscheinungen befassen.

Nach ca. 2 Wochen solltest du es dann für 5 Tage kostenlos anbieten und das ebenfalls in den sozialen

Medien wie Facebook, Twitter, Instagram usw. bewerben.

Wenn du dann eine gute Position in den Suchergebnissen hast, kannst du es für 2,99 Euro bei 70 % Tantiemen anbieten.

Später dann, wenn dein Buch fester Bestandteil des Angebots ist, mehrere gute Rezensionen hat und regelmäßig gekauft wird, kannst du den Preis langsam auf 4,99 Euro anheben.

MatchBook – Diese Funktion ist erst dann interessant für dich, wenn du zusätzlich zu deinem eBook auch ein Taschenbuch veröffentlicht hast. Denn dann wird dem Käufer eines Taschenbuches mit der MatchBook Funktion gleich beim Kauf das eBook zusätzlich zu einem Sonderpreis, meist 0,99 Euro angeboten. So verdienst du noch etwas mehr, wenn der Kunde das Angebot annimmt.

Buch-Ausleihe – Hier kannst du zustimmen, dass dein Buch auch in der Leihbücherei mit angeboten wird.

So, jetzt ist alles erledigt und du kannst dein erstes eBook veröffentlichen. Herzlichen Glückwunsch dazu.

Übrigens kannst du alle Einstellungen, die du gerade getroffen hast, jederzeit wieder abändern. Das solltest du auch tun, um deine Einstellungen immer wieder zu optimieren.

Besonders gilt das für die Produktbeschreibung, die Suchwörter und die Wahl der Kategorien.

Dein eBook bekannt machen

Dein eBook ist jetzt bei Amazon hochgeladen und spätestens nach 72 Stunden, meist aber schon deutlich eher teilt dir Amazon mit, dass dein eBook jetzt gekauft werden kann. Allerdings kannst du sicher sein, dass dein Buch am Anfang noch von niemandem gefunden wird, da es auf einer der hinteren Seiten sein Dasein fristet.

Was du jetzt unbedingt machen musst, ist ein gut durchdachter Buchlaunch.

Wenn du dich während der Veröffentlichung deines eBooks bei KDP-Select angemeldet hast, bietet dir Amazon zwei Möglichkeiten, Werbung für dein eBook zu schalten.

Kindle Countdown Deals

https://kdp.amazon.com/de_DE/help/topic/G201293780

und die **Gratis Werbeaktion**

https://kdp.amazon.com/de_DE/help/topic/G20129

Die Werbeaktionen erreichst du, wenn du in deinem KDP Account rechts bei deinem eBook auf „Werbung schalten" klickst.

Kindle Countdown Deals

Bei der Werbeaktion „Kindle Countdown Deals" hast du die Möglichkeit, dein eBook oder Taschenbuch für eine von dir festgesetzte Zeit zu einem Sonderpreis anzubieten.

Kostet dein eBook im Normalfall 4,99 Euro, so könntest du es für die nächsten 3 Tage zu einem Sonderpreis von 1,99 Euro anbieten.

Dabei wird der Normalpreis durchgestrichen dargestellt und dahinter der Sonderpreis angezeigt. So sieht jeder Kunde, dass es sich hier um ein Schnäppchen handelt.

Zusätzlich hast du die Möglichkeit, den Sonderpreis während der Aktion über mehrere Zwischenschritte wieder bis zum Normalpreis anzuheben.

So könntest du während einer Aktion von 3 Tagen mit 1,99 Euro beginnen, nach 24 Stunden den Preis auf 2,99 Euro anheben und nach weiteren 24 Stunden den Preis mit 3,99 Euro festlegen.

Nach Ablauf der von dir festgesetzten Aktionszeit kostet das eBook dann wieder 4,99 Euro.

Werbung dafür solltest du ebenfalls in den sozialen Medien machen.

Ausführliche Informationen zu den Kindle Countdown Deals findest du hier:

https://kdp.amazon.com/de_DE/help/topic/G201293780

Gratis Werbeaktion

Gerade nach der Veröffentlichung deines eBooks ist es wichtig, dass Kunden dein eBook so oft downloaden wird wie möglich. Denn je häufiger jemand dein eBook ordert, desto weiter vorn wird es in den Kategorien angezeigt, die Amazon für dich aufgrund des Inhalts deines Buches und der von dir ausgewählten Kategorien zugeordnet hat.

Das gilt auch, wenn du dein eBook nicht verkaufst, sondern für 0,00 Euro anbietest.

Die Möglichkeit, dein eBook alle 90 Tage für 5 Tage kostenlos anzubieten und somit einen deutlich besseren ABSR zu bekommen bietet dir als KDP-Select Nutzer die „Gratis Werbeaktion", die du unbedingt nutzen solltest.

Die maximale Dauer der Gratis-Werbeaktion beträgt 5 Tage. Beim ersten Mal solltest du auch die vollen 5 Tage auf einmal ausnutzen und während dieser Zeit so viel Werbung in den sozialen Netzwerken wie Twitter, Facebook, Instagram usw. machen wie möglich.

Bei der Wahl, an welchen Wochentagen du die Gratis Werbeaktion durchführen solltest, gehen die Meinungen auseinander.

Eine Empfehlung ist, diese Aktion nur an den Werktagen, also von Montag bis Freitag laufen zu lassen und die andere ist, mit dem Wochenende zu beginnen, also am Freitag zu starten und dann am Dienstag zu enden.

Meine Erfahrung ist, dass bei mir am Samstag nur

selten Bücher bestellt werden. Dadurch entscheide ich mich für die Werktags-Variante. Das solltest du für dich im Laufe der Zeit aber selbst entscheiden.

Wichtig ist eines: Setze vor Beginn der Gratis Werbeaktion den Preis für dein eBook auf 99 Cent und beende die Aktion schon am 4. Tag, indem du sie manuell abbrichst.

Da Amazon für das Abschalten der Aktion in der Regel 24 Stunden braucht, der Wechsel zum neuen Preis aber schneller geht, wird dein eBook immer noch in der Kategorie für kostenlose eBooks angezeigt, obwohl es schon 99 Cent kostet. Viele Leser kaufen es dann aber trotzdem und du verdienst schon etwas.

Die 99 Cent Promo

Wenn du dich am Anfang mit 35 % Tantiemen zufriedengibst, kannst du dein eBook für 99 Cent anbieten.

99 Cent ist ein echter Werbepreis und es gibt eine Menge Leute, die ausschließlich 99 Cent Bücher kaufen.

Auf Facebook gibt es einige Gruppen, in denen du dein eBook vorstellen kannst. Einige Gruppen stellen nur kostenlose eBooks vor, andere auch eBooks für 99 Cent und wieder andere ermöglichen die Vorstellung bis zu einem Preis von 2,99 Euro.

Diese Gruppen haben zum Teil enorm viele Mitglieder und die Chance, dass jemand dein eBook ordert, wenn du es in diesen Gruppen vorstellst, ist sehr groß.

Deshalb solltest du diese Möglichkeit unbedingt schon für deine Gratis Werbeaktion und jetzt auch für die Zeit, in der dein eBook 99 Cent kostet, nutzen.

Oftmals wird in diesen Gruppen auch ein Tausch von Rezensionen angeboten. Lade du mein eBook und schreibe mir eine gute Rezension und ich lade dein eBook und schreibe dir eine gute Rezension.

Das ist allerdings sicher nicht im Sinn von Amazon und es bleibt letztendlich dir überlassen, ob du so ein Angebot annimmst oder nicht. Denke dabei aber immer an das Risiko, das ich dir im Kapitel Rezensionen gleich näher beschreibe.

Entscheidend für dich ist erst einmal, dass du durch dein Angebot in diesen Facebook Gruppen den Verkauf deines eBooks ankurbelst. Denn die Zahl der Verkäufe ist nun einmal die wichtigste Größe bei der Berechnung deines Amazon Bestseller Rangs. Und der entscheidet, ob dein Buch auf der ersten Seite in den Suchergebnissen steht oder auf einer Seite, auf der dich niemand findet.

Hier einige Beispiele:

Host me! Kindle eBooks – 1053 Mitglieder –

https://www.facebook.com/groups/457067057686452/about/

99er Kumpels –

https://www.facebook.com/groups/1815161632119321/

Kostenlose eBooks – 4307 Mitglieder

https://www.facebook.com/groups/Kostenlose.ebooks/

eBooks Deutschland – 781 Mitglieder

https://www.facebook.com/groups/628124360642087/

Kostenlose eBooks promoten & vermarkten – 552 Mitglieder

https://www.facebook.com/groups/335517990138600/

Büchermarkt – 3497 Mitglieder

https://www.facebook.com/groups/212510785474623/

Fast alle Gruppen sind geschlossene Gruppen, bei denen du dich anmelden musst.

Neue eBooks werden die ersten 3 Wochen von Amazon bevorzugt behandelt. Sie werden weiter vorn platziert und auch als Neuerscheinungen hervorgehoben.

Nach dieser Zeit unterliegen sie allerdings den allgemeinen Regeln und viele verschwinden dann in der Versenkung.

Nutze daher die Möglichkeit, alle 90 Tage eine kostenlose Werbeaktion durchzuführen und biete dein eBook ab und zu für 99 Cent an.

Rezensionen bekommen

Der ABSR (Amazon Bestseller Rang) ist, wir sprachen ja schon darüber, von mehreren Faktoren abhängig:

- Von der Anzahl der Verkäufe, wobei der Preis deines eBooks keine Rolle spielt.
- Von der Anzahl der Downloads während der kostenlosen Promo-Aktion, wobei diese Anzahl weniger Gewicht hat als die Anzahl tatsächlicher Verkäufe.
- Von der Anzahl der Klicks, die über die Amazon-Suche erfolgen.
- Und ganz besonders auch von der Anzahl guter Rezensionen, wobei eine schlechte Rezension deutlich mehr Gewicht hat als eine gute.

Rezensionen sind nicht leicht zu bekommen. Die Erfahrung zeigt, dass lediglich 2-3 von 100 Käufern dir eine gute Rezension schreiben.

Bei den schlechten Rezensionen ist das anders. Enttäuschte Leser sind deutlich öfter bereit, etwas Negatives zu deinem Buch zu schreiben. Daher ist es wichtig, dass du dein eBook so perfekt wie möglich schreibst und erst dann veröffentlichst, wenn es wirklich perfekt im Inhalt ist und keine Rechtschreib- und Grammatikfehler mehr enthält.

Nun ist niemand perfekt, sicher auch dein Lektor nicht. Deshalb rate ich dir, am Ende deines Buches deine Leser zu bitten, dir etwaige Fehler zu melden, damit du sie korrigieren kannst.

Wie schon bemerkt, sind gute Rezensionen nicht leicht zu bekommen. Da sie aber so immens wichtig sind, solltest du am Anfang Freunde, Bekannte und auch Familienmitglieder bitten, dein Buch zu kaufen und nach dem Lesen eine Rezension zu schreiben. Das ist absolut in Ordnung.

Allerdings dürfen die Familienmitglieder nicht dieselbe Adresse wie du haben. Diese Rezensionen erkennt Amazon nicht an.

Wie schon erwähnt: Es gibt bei Facebook viele Gruppen, in denen man sein Buch vorstellen kann. Oftmals bieten da andere Autoren auch einen Tausch von Rezensionen an. Da ist jedoch Vorsicht geboten, denn Amazon kann sehr einfach feststellen, ob Rezensionen auf Gegenseitigkeit abgegeben werden.

Wird das festgestellt, werden die Rezensionen im besten Fall wieder gelöscht. Praktiziert das aber jemand sehr häufig, kann auch der Account für immer gesperrt werden. Und dann ist es vorbei mit dem „Geld verdienen mit eBooks".

Bitte deine Leser um eine Rezension

Noch einmal, weil es wichtig ist: Am Schluss deines Buches solltest du deine Leser direkt um eine Rezension bitten.

Ich mache das meist so, dass ich sie frage, ob ihnen das Buch gefallen hat. Wenn ja, bitte ich um eine Rezension und zeige ihnen genau auf, was sie machen müssen, um eine Rezension abzugeben. Viele wissen das nicht.

- Amazon.de aufrufen
- Zu „Mein Konto" gehen
- „Meine Bestellungen" aufrufen
- „Schreiben Sie eine Produktrezension" klicken
- Rezension schreiben – mindestens 10 Worte

Außerdem bitte ich meine Leser, in der Rezension zu schreiben, was an meinem Buch für sie besonders wichtig war.

Sollte dem Leser mein Buch nicht gefallen haben oder sollte sie/er einen Fehler entdeckt haben, bitte ich um eine Mail. Die Mailadresse gebe ich dann mit an.

Die findest du natürlich auch in diesem Buch. Und meine Bitte um eine Rezension und Tipps, was ich besser machen könnte, gelten natürlich auch für dieses Buch.

Fake-Rezensionen entfernen lassen

Es kommt immer wieder einmal vor, dass sogenannte Mitbewerber, die im gleichen Genre Bücher schreiben, dir eine negative Rezension schreiben um damit ihre Bücher in einem besseren Licht erscheinen zu lassen.

Oftmals sind diese Rezensionen nicht nur völlig unberechtigt, sondern die Behauptungen sind beleidigend und entsprechen nicht der Wahrheit.

Mir geht es regelmäßig so, wenn ich ein neues Buch veröffentliche. Meist schon die erste ist eine 1 Sterne-Rezension mit beleidigenden und unwahren Behauptungen über mein Buch und der Warnung, es auf keinen Fall zu kaufen.

Das ist besonders ärgerlich, da schlechte Rezensionen, das sind alle die mit 1 – 3 Sternen, bei der Ermittlung deines Amazon Bestseller Rangs deutlich schwerer ins Gewicht fallen als gute, also die mit 4 – 5 Sternen.

Ist offensichtlich, dass diese Behauptungen nicht der Wahrheit entsprechen, kannst du Amazon darum bitten, diese Rezension zu löschen.

Das geht relativ einfach. Dazu gehst du in deinen KPD Account. Dort findest du ganz oben rechts den Punkt „Hilfe".

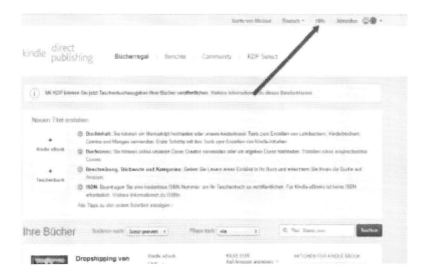

Nach einem Klick gelangst du in den Hilfebereich, in dem du ganz links unten auf „Kontakt" klickst.

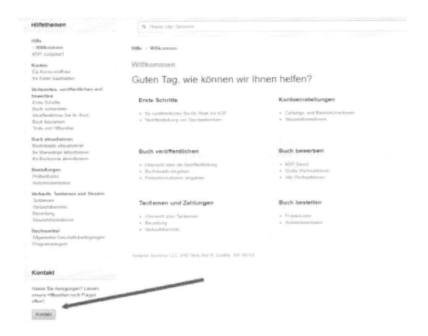

Jetzt öffnet sich ein neues Fenster, in dem du den Punkt „Rezensionen" auswählen kannst.

In der sich öffnenden Email-Maske kannst du jetzt die ASIN deines eBooks eintragen und den Namen des Rezensenten, der dein Buch unberechtigt schlecht bewertet hat.

In berechtigten Fällen wird diese Rezension dann wieder entfernt.

Veröffentliche unbedingt auch ein Taschenbuch

So, dein eBook sollte jetzt fertig und veröffentlicht sein. Deine Gratis Werbeaktion läuft 5 Tage und du hast Zeit, dein eBook in ein Taschenbuch umzuwandeln.

Keine Angst, auch hier übernimmt Amazon wieder die gesamten Kosten einschließlich des Versands. Dich kosten die Erstellung und der Druck deines Buches keinen Cent. Du musst nicht hunderte Bücher vorher kaufen, im Keller lagern und selbst verkaufen.

Wie beim eBook nimmt sich Amazon nur einen Anteil am Verkaufspreis und der Rest ist für dich.

Diese Form der Bucherstellung nennt man „Print on Demand". Das bedeutet, dass dein Taschenbuch immer erst gedruckt wird, wenn es jemand gekauft hat. Daher musst du keine Pflichtabnahme tätigen, wie das früher einmal bei den Verlagen so war.

Du entscheidest, zu welchem Preis dein Taschenbuch verkauft werden soll.

Sicher fragst du dich jetzt: Was muss ich denn

machen, um ein Taschenbuch zu erzeugen?

Keine Angst, das ist einfacher, als du denkst. Du musst es lediglich anders formatieren und anschließend als PDF-Datei abspeichern.

Doch eins nach dem anderen.

So erstellst du dein Taschenbuch

Ich beschreibe dir hier die Vorgehensweise mit Microsoft Word, da ich dieses Programm zum Schreiben benutze und die meisten von Euch werden das wohl auch tun. Mit Open Office geht es aber sicher genauso.

Zuerst einmal rufst du in deinem Textverarbeitungsprogramm ein neues Dokument auf, nennst es „Dein Buchtitel – Taschenbuch" und speicherst dieses leere Dokument schon einmal.

Word öffnet dir immer ein Dokument in der Größe DIN A4. Das kannst du zum Schreiben eines eBooks durchaus verwenden, da Amazon die Größe immer automatisch zu dem Gerät einstellt, mit dem du das eBook liest. Auf einem Handy wird natürlich weniger Text je Seite abgebildet als auf einem Tablet oder einem Computer.

Ein Taschenbuch hat allerdings eine feste Größe, die

deutlich kleiner ist als DIN A4. Deshalb musst du die Größe deines Text Dokuments gleich noch verändern.

Vorher öffnest du bitte zusätzlich in Word noch das Textdokument deines eBooks und klickst mit der Maustaste einfach in den Text. Drücke dann die Strg-Taste + a. Jetzt ist der ganze Text mit allen Bildern grau invertiert und du kannst mit Strg + c alles in den Zwischenspeicher verschieben.

Jetzt gehst du zu deinem neuen Dokument „Dein Buchtitel – Taschenbuch" und fügst mit Strg + v den Inhalt des Zwischenspeichers in dein Dokument ein.

Das kopierte Dokument hat jetzt das Format DIN A4 und muss noch in das Format für dein Taschenbuch abgeändert werden.

Dazu rufst du oben im Menü den Punkt „Layout" auf, gehst auf „Format" und wählst in dem sich öffnenden Menü ganz unten den Punkt „weitere Papierformate..."

Jetzt öffnet sich ein Popup-Fenster, in das du das Format des Taschenbuchs eintragen solltest.

Popup-Fenster zur Formateinstellung bei Microsoft Word

Die Maße, die du hier einträgst, sind:

- **Breite 15,24 cm**
- **Höhe 22,86 cm**

Diese Maße hat ein herkömmliches Taschenbuch bei Amazon.de

Anschließend klickst du auf „OK".

Du siehst jetzt, dass die Textansicht deutlich schmaler geworden ist und die Seitenzahl hat sich deutlich erhöht.

Jetzt geht es daran, das Taschenbuch perfekt zu formatieren.

Das Taschenbuch formatieren

Da dein eBook auf verschiedenen Geräten gelesen werden kann, baut Amazon es so um, dass es auf jedem Gerät optimal dargestellt wird.

Du kannst das, wie du ja bereits erfahren hast, leicht beeinflussen, indem du es mit dem Kindle Creator formatierst. Die wesentliche Formatierung für die einzelnen Geräte nimmt dir Amazon aber ab.

Dein Taschenbuch jedoch lädst du später als PDF-Datei hoch. Dadurch bleibt das Aussehen genauso, wie du es erstellst.

Deshalb musst du deinen Taschenbuchtext jetzt noch richtig formatieren. Damit du die einzelnen Formatierungszeichen auch siehst, solltest du folgende Darstellung einschalten.

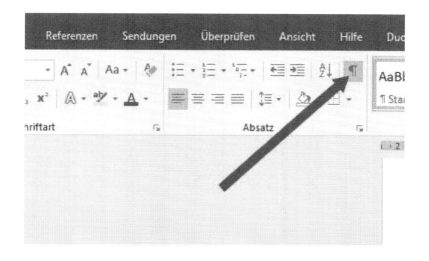

Einschalten der Formatierungszeichen in Microsoft Word

Schriftart einstellen – Für ein Taschenbuch bietet sich die Schriftart „Times New Roman" an. Diese Schrift wird am häufigsten verwendet und liest sich besonders gut.

Auch hier wieder den gesamten Text auswählen und die Schriftart abändern.

Die Schriftgröße – Als Schriftgröße solltest du die Größe von 10 Pixel verwendet. Einige Kindle Autoren, meist die, die Bücher mit wenig Worten veröffentlichen, wählen gern größere Schriften, um die Seitenzahl ihres Taschenbuchs zu erhöhen. In den Rezensionen wird dann aber deutlich, dass Leser da gar nichts von halten.

Für die Haupt-Überschriften wähle ich 20 Pixel und

für die Unter-Überschriften 16 Pixel.

Blocksatz – Ein gutes Buch ist immer im Blocksatz formatiert. Dazu musst du wieder den gesamten Text auswählen (STRG + a) und den Blocksatz des Textprogrammes auswählen.

Anschließend gehst du den gesamten Text durch und setzt immer in der letzten Zeile jedes Textblocks einen harten Zeilenumbruch, denn sonst wird die letzte Zeile in die Länge gezogen, bis das letzte Wort ganz rechts steht.

Falsch:

Deshalb musst du jetzt noch richtig formatieren. Damit du die einzelnen Formatierungszeichen auch siehst, solltest du die Darstellung   einschalten.

Richtig:

Deshalb musst du jetzt noch richtig formatieren. Damit du die einzelnen Formatierungszeichen auch siehst, solltest du die Darstellung einschalten.¶

Den harten Zeilenumbruch erreichst du, wenn du die „Return-Taste" drückst.

Die Überschriften sind ebenfalls noch im Blocksatz dargestellt, da solltest du ebenfalls einen harten Zeilenumbruch setzen.

Ich zentriere die Überschriften immer, ich finde das schöner. Aber das ist natürlich Geschmacksache.

Seitenumbrüche setzen – Es ist üblich – und macht das Buch auch übersichtlicher – wenn jedes neue Kapitel auch mit einer neuen Seite beginnt. Deshalb solltest du vor jeder neuen Haupt-Überschrift einen Seitenumbruch setzen.

Einen Seitenumbruch erreichst du, indem du die „Strg-Taste" und die „Return-Taste" gleichzeitig drückst.

Das Inhaltsverzeichnis erneuern – Durch das neue Seitenformat ändern sich natürlich auch die Seitenzahlen des Inhaltsverzeichnisses, das du ja am Anfang mit kopiert hast.

Deshalb musst du das alte Inhaltsverzeichnis noch löschen und wieder neu einfügen.

Dazu klickst du wieder oben im Menü auf „Referenzen".

Gehe dann zu deinem Inhaltsverzeichnis im Text und klicke mit der Maus in den Text. Jetzt wird das Inhaltsverzeichnis invertiert dargestellt.

Inhalt

Vorwort	4
Finanzielle Freiheit	9
Aktives und passives Einkommen	11
Finanzielle Freiheit mit aktivem Einkommen?	11
Finanzielle Freiheit mit passivem Einkommen	12
Warum sich eBooks so gut als passive Einkommensquelle eignen	13
Was ist eigentlich ein eBook	16
Ohne sorgfältige Recherche solltest du nicht beginnen	18
Amazon hilft dir, Nischen zu finden	18
Was bedeutet der Amazon-Bestseller-Rang (ABSR)	24
Kann ich mit meinem Thema Geld verdienen?	26
Keyword-Suche und Mitbewerber-Vergleich	29

Nun klickst du oben links wieder auf den Button „Inhaltsverzeichnis" und kannst in dem sich öffnenden Menü ganz unten „Inhaltsverzeichnis entfernen" anklicken.

Ist das Inhaltsverzeichnis jetzt entfernt, klickst du einfach wieder auf das erste automatische Inhaltsverzeichnis und du erhältst eine aktualisierte Version.

Haftungsausschluss und Impressum – Auch dein Taschenbuch braucht einen Haftungsausschluss und ein Impressum. Beides hast du ja schon mit dem eBook-Text übernommen.

Was jetzt noch fehlt, ist deine ISBN-Nummer. Wie du die bekommst, zeige ich dir gleich, wenn es um das Veröffentlichen deines Taschenbuchs geht.

Seitenzahlen setzen

Dein Taschenbuch braucht, anders als es bei deinem eBook der Fall ist, feste Seitenzahlen. Denn hier kann der Leser nicht über einen Link die einzelnen Kapitel erreichen, sondern muss zur passenden Seite blättern können.

Das Einfügen der Seitenzahlen ist nicht ganz einfach. Auch ich habe da jedes Mal Probleme und muss mich wieder neu informieren um das hinzubekommen. Mir hilft dabei immer ein Video, dass du unter

https://www.youtube.com/watch?v=G8tdAF-SYdk

ansehen kannst. Folge genau dieser Anleitung und deine Seitenzahlen passen perfekt.

Dein Taschenbuch bei KDP veröffentlichen

Ist dein eBook-Text vollständig für das Taschenbuch umformatiert, solltest du ihn als PDF-Datei speichern. Dazu einfach auf „speichern unter" klicken und als Dateiformat „pdf" auswählen.

Nach dem Speichern wird dir die PDF-Datei angezeigt und du kannst jetzt schon genau sehen, wie dein Taschenbuch später aussieht. Denn es wird genauso gedruckt, wie es hier abgebildet ist.

Blätter die PDF-Datei bitte vollständig durch und schau dir genau an, ob alles so abgebildet ist, wie du es dir wüschst. Erst wenn das der Fall ist, solltest du dein Taschenbuch veröffentlichen.

Sollte das nicht der Fall sein, ändere es so oft, bis alles perfekt ist.

Zum Veröffentlichen gehst du wieder zu deinem KDP-Account und loggst dich mit deinen Zugangsdaten ein.

Dort ist jetzt schon das eBook verzeichnet, das du zu Amazon hochgeladen hast. Zusätzlich ist bei deinem eBook noch die Möglichkeit vorgesehen, ein gleichartiges Taschenbuch zu erstellen.

Klicke dazu einfach auf den Link und es öffnet sich ein neues Fenster, wie du es schon vom Hochladen deines eBooks kennst.

Das schöne ist, dass dort die meisten Felder schon mit den Daten ausgefüllt sind, die du für dein eBook angegeben hast. Hier solltest du auch nichts ändern, damit dein Taschenbuch ohne Probleme von Amazon mit deinem eBook verknüpft werden kann.

Denn wenn es verknüpft ist, wird bei deinem eBook mit angezeigt, dass es auch ein Taschenbuch gibt.

Verknüpfung eBook und Taschenbuch

Wichtig: Der Titel deines Taschenbuchs muss mit dem Titel deines eBooks gleich sein.

Wie gesagt, auf der ersten Seite kannst du alles ausgefüllt lassen. Nur der unterste Punkt muss noch erledigt werden. Die weiteren Punkte auf den nächsten Seiten gehen wir wieder so durch, wie wir es schon beim Einstellen des eBooks gemacht haben.

Create Space Bücher - Am Ende der ersten Daten-

Erfassungsseite findest du den Punkt „Create Space Bücher". Create Space ist ebenfalls eine Plattform zur Veröffentlichung eines Taschenbuches mit Print of Demant. Diesen Weg ging man früher, als noch keine Taschenbücher über den KDP-Account veröffentlicht werden konnten.

Setze hier bitte den Hacken auf „Nein" und klicke unten auf „Speichern und fortfahren".

Auf der nächsten Seite muss noch einiges erledigt werden.

ISBN der Druckausgabe – Jedes Buch braucht eine ISBN-Nummer. Amazon bietet dir hier die Möglichkeit, eine kostenlose ISBN-Nummer für dein Taschenbuch zu bekommen. Diese Möglichkeit solltest du nutzen, den Punkt „Kostenlose KDP-ISBN verwenden" markieren und dann auf den Button „Mir eine kostenlose KDP-ISBN zuweisen" klicken.

Jetzt bekommst du eine kostenlose ISBN-Nummer, die dann automatisch auf dein Taschenbuch-Cover gedruckt wird.

Kopiere dir jetzt die ISBN-Nummer und trage Sie vor dem Hochladen noch in deinen Taschenbuch-Text ein. Einmal gleich auf die Titelseite unter den Autorennamen und dann noch in dein Impressum.

Jetzt das Taschenbuch-Dokument noch einmal als

PDF-Datei speichern.

Veröffentlichungsdatum – Hier musst du nichts weiter eintragen

Druckoptionen – Hier kannst du auswählen, wie dein Taschenbuch beschaffen sein soll. Du kannst hier die Papierfarbe auswählen und, ob deine Bilder in Farbe oder schwarzweiß gedruckt werden sollen. Ich rate dir zu schwarzweiß, da Farbe die Druckkosten erheblich verteuert.

Als Format ist die Größe vorgegeben, die du schon bei der Formatierung angesetzt hast. Es handelt sich dabei um ein durchaus übliches und leicht lesbares Format, das du nicht ändern solltest.

Ist dir ein anderes Format lieber, musst du auch das Format deiner PDF-Datei ändern und das Taschenbuch umformatieren.

Bei der „Ausführung des Covers" wähle ich lieber „Glänzend", da das Bild dadurch plastischer wirkt.

Manuskript – Hier kannst du nun deine Taschenbuch-Datei, die du ja als PDF-Datei gespeichert hast, hochladen. Denke aber vorher noch an die Ergänzung der ISBN-Nummer.

Buchcover – Das Cover für ein Taschenbuch ist umfangreicher als für ein eBook, denn es enthält nicht nur die Frontseite, sondern hat auch noch eine

Rückseite und, je nach Seitenzahl, auch noch eine Beschriftung auf dem Buchrücken. In der Regel kann diese Rückenbeschriftung bei mehr als 100 Seiten erfolgen.

Auch hier kannst du dir wieder das Taschenbuchcover von einem Designer erstellen lassen. Viele Designer bieten dir für einen geringen Mehrbetrag zu deinem eBook Cover auch gleich das passende Taschenbuchcover mit an. Die Maße des Covers sind aber abhängig von der Seitenzahl.

Mir ist das etwas zu kompliziert und ich verwende deshalb zur Erstellung des Taschenbuchcovers den Cover Creator, den du ja auch schon vom eBook her kennst. Dabei lade ich mir mein eBook Coverbild hoch und erstelle dann die Rückseite und eventuell den Buchrücken mit dem Cover Creator.

Später, wenn ich etwas mehr Erfahrung mit Photoshop und den erforderlichen Covermaßen habe, werde ich die Cover meiner Bücher wohl noch ändern. Vielleicht auch eine Lösung für Dich.

Buchvorschau – Ist das Cover fertig und die Buchdatei hochgeladen, musst du dir dein Taschenbuch in der Buchvorschau einmal komplett ansehen.

Amazon zeigt dir hier auch noch einmal etwaige Fehler an, die du noch beseitigen solltest. Selbst Rechtschreibfehler werden hier angezeigt. Da werden aber auch oft englisch sprachige Begriffe ebenso wie Webadressen und Firmennamen als Fehler benannt.

Überprüfe dein Taschenbuch und auch die genannten Fehler unbedingt noch.

Hast du dein Taschenbuch sorgfältig geprüft und alles ist in Ordnung, kannst du den Probedruck genehmigen. Wenn nicht, verbessere deine Taschenbuchdatei so lange und lade die berichtigte Datei so lange wieder hoch, bis alles okay ist.

Nach der Genehmigung kommst du wieder zur Erfassungsseite zurück und siehst am unteren Ende, wieviel Seiten dein Taschenbuch hat und welche Druckkosten für den Druck deines Taschenbuches anfallen.

Sollten die Druckkosten in Dollar angezeigt werden, musst du noch als Marketplace „Amazon.de" auswählen. Dann steht der Preis dort in Euro.

Klicke jetzt wieder auf „Speichern und fortfahren". Auf der nächsten Seite geht es dann weiter.

Länder – Hier musst du nichts ändern.

Preise und Tantiemen – Jetzt geht es um dein Geld, denn unter diesem Punkt legst du den Preis für dein Taschenbuch fest.

Hier orientierst du dich am besten erst einmal an den Preisen deiner Mitbewerber, die das gleiche oder ein ähnliches Thema haben.

Bei der Auswahl deiner Preisangabe musst du bedenken, dass zu diesem Preis noch 7 % Mehrwertsteuer hinzugerechnet werden.

Preisermittlung für das Taschenbuch in KDP

Dir wird dann jeweils angezeigt, wie hoch die Druckkosten sind und wie hoch die Tantiemen pro Taschenbuch bei einem Verkauf für dich sind.

Hast du den gewünschten Preis eingetragen klickst du unten auf den Button „Veröffentlichen Sie Ihr Taschenbuch.

Jetzt kann es wieder bis zu 72 Stunden dauern, bis dein Taschenbuch zum Verkauf angeboten wird.

Normalerweise verknüpft Amazon die eBook auf der Verkaufsseite jetzt automatisch mit deinem Taschenbuch, sodass jeder Besucher sieht, dass du auch ein Taschenbuch anzubieten hast. Ist das nach

72 Stunden nicht der Fall, solltest du Amazon auf den Fehler aufmerksam machen und um Verknüpfung bitten.

+

Amazon verknüpft normalerweise innerhalb von maximal 3 Tagen dein eBook mit dem Taschenbuch. Das hat den Vorteil, dass auf der Verkaufsseite beide Formate angezeigt werden.

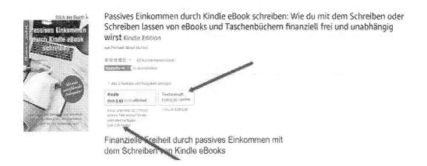

Oft wird geglaubt, dass bei der Ermittlung des ABSR beide Verkäufe berücksichtigt werden. Das ist laut Amazon aber nicht der Fall. Du siehst es auch daran, dass beide Varianten unterschiedliche Amazon Bestseller Rangs haben und eine Bestseller Nr. 1 Prämierung ebenfalls nicht für beide Produkte gilt.

Sollte das innerhalb 3 Tagen nicht passieren, schreibst du am besten den Support von KDP an. Dazu gehst du in deinen KDP-Account und klickst oben rechts auf „Hilfe".

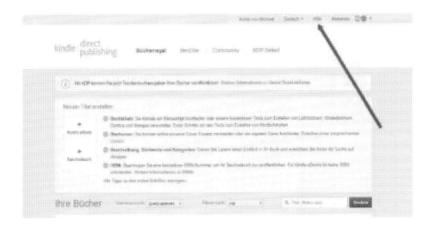

KDP Hilfeseite auswählen

Dann gehst du auf der KDP Hilfeseite links im Menü auf „Kontakt".

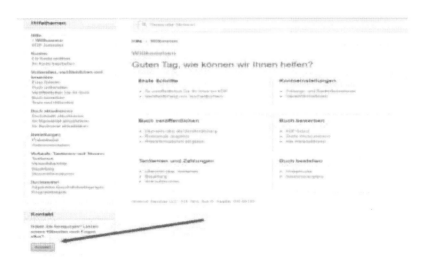

Im folgenden Fenster hast du dann verschiedene Auswahlmöglichkeiten. Wähle dort „Amazon

Produktseite".

Jetzt siehst du den Unterpunkt „Verknüpfung von Print- und Kindle-Version". Wenn du daraufklickst, öffnet sich ein Mail-Formular, mit dem du mit dem KDP-Support Kontakt aufnehmen kannst.

Schildere da dein Problem und bitte um Verknüpfung. Nach wenigen Stunden ist dein Taschenbuch dann mit dem eBook verknüpft.

Pflichtabgabe an die Deutsche Nationalbibliothek

Viele Autoren wissen nicht, dass sie von jedem Taschenbuch, das sie veröffentlichen, eine Pflichtabgabe an die Deutsche Nationalbibliothek abliefern müssen. Kindle eBooks sind dagegen nicht abgabepflichtig. Sie können aber als ePub-Format freiwillig abgegeben werden.

Die Pflichtabgabe beruht auf dem Gesetz über die Deutsche Nationalbibliothek (DNBG) vom 22.06.2006 und der Pflichtablieferungsverordnung (pflAV) vom 17.10.2008.

Die Pflichtabgabe betrifft alle gewerblichen und nichtgewerblichen Verleger, Selbst oder - Eigenverleger sowie Institute, Gesellschaften und Körperschaften, die Medienwerke verbreiten und ihren Sitz in Deutschland haben.

Wichtig zu wissen:

Dein Taschenbuch muss in zweifacher Ausführung auf eigene Kosten in einwandfreiem Zustand, also unbenutzt innerhalb einer Woche nach Erscheinen bei der Deutschen Nationalbibliothek abgeliefert werden.

Die beiden Taschenbücher sind spätestens eine Woche nach Erscheinen an die

Deutsche Nationalbibliothek

Deutscher Platz 1

04103 Leipzig

zu senden, wenn du deinen Wohnsitz in Berlin, Nordrhein-Westfalen oder in den neuen Bundesländern hast.

Wohnst du in den anderen Bundesländern, geht deine Pflichtabgabe an die

Deutsche Nationalbibliothek

Adickesallee 1

60322 Frankfurt am Main

Solltest du dieser Abgabepflicht nicht nachkommen, droht dir ein Bußgeld in Höhe von 10.000,00 Euro.

Außerdem bist du verpflichtet, auf Anfrage Auskünfte zu erteilen.

Solltest du Änderungen an deinem Taschenbuch durchführen, musst du das veränderte Buch unter einer **neuen ISBN-Nummer** erneut einreichen.

Hier solltest du dich unbedingt rechtzeitig ausgiebig informieren.

Nachzulesen ist das unter
https://www.dnb.de/DE/Home/home_node.html

Abgabe an die Landesbibliotheken

In einigen Bundesländern besteht zusätzlich die Pflicht, das Taschenbuch auch in zweifacher Ausführung an die Landesbibliotheken zu senden.

Auch hier richtet sich die Abgabestelle nach dem Wohnsitz. Welche Abgabestelle für dich zutrifft, findest du in einer Übersicht bei Wikipedia.

https://de.wikipedia.org/wiki/Pflichtexemplar#Ablieferung

Deine Autorenseite

Die wenigsten Kindle Autoren, die Ratgeber schreiben, nutzen die Möglichkeit, sich bei Amazon eine Autorenseite einzurichten. Oft ist der Grund, dass Autoren über X verschiedene Themen Bücher schreiben lassen und sich dieses Sammelsurium auf einer Autorenseite eher negativ auswirken würde.

Meiner Meinung nach solltest du dich auf eine Nische spezialisieren und dann in dieser Nische mehrere Bücher veröffentlichen.

So baust du dir eine Marke auf. Du stellst klar, dass du Spezialist auf diesem Gebiet bist und das deine Bücher dadurch einen großen Nutzen für deine Leser haben.

Startseite der Amazon Autoren Zentrale

Für diese Selbstdarstellung eignet sich die Autorenseite bei Amazon perfekt. Die Möglichkeit, sich als Autor darzustellen nennt sich Amazon Autor Central (Amazon Autorenzentrale).

Einrichten kannst du deine Autorenseite unter https://authorcentral.amazon.de/gp/home

Hier kannst du beschreiben, wer du bist, warum du schreibst und vieles mehr. So lernt dein Leser dich kennen und kann sich mit dir identifizieren.

Hier kannst Du ein Bild oder ein Video von dir hochladen, kannst Neuigkeiten vorstellen und eine Übersicht über deine bisherigen Bücher erstellen.

Ruft jemand die Produktseite eines deiner Bücher auf, findet er oberhalb der Rezensionen dein Autorenprofil und sieht so, wer das Buch geschrieben hat. Auf diese Weise wird gleich ein persönlicher Kontakt hergestellt.

Hinweis zu Autor auf der Angebotsseite deines Buches

Über einen Link gelangt er dann bei Interesse direkt zu deiner Autorenseite, auf der er dann alle Bücher findet, die du dieser Autorenseite zugeordnet hast.

Meine derzeitige Autorenseite

Selbst, wenn du dich entscheiden solltest, deine Bücher von Ghostwritern schreiben zu lassen und damit mehrere Nischen zu bedienen, kannst du die Autorenseite als gutes Werbemittel nutzen.

Wähle dazu einfach für jeden Themenbereich ein einheitliches Pseudonym und erstelle für jedes Thema und jedes Pseudonym eine eigene Autorenseite.

Hier kannst du dann die Bücher auflisten, die zum jeweiligen Pseudonym gehören.

Gewerbeanmeldung & Co.

Immer dann, wenn du auf irgendeine Weise wiederkehrend Geld verdienst, dich also bemühst, ein dauerhaftes Einkommen aufzubauen, kommt der Staat auf den Plan und will daran beteiligt werden.

Denn dann gründest du eine selbstständige Tätigkeit und musst dafür in den meisten Fällen ein Gewerbe anmelden.

Das kann Anfangs, wenn du noch wenig Geld verdienst, durchaus auch ein Kleingewerbe sein.

Bei der Kleinunternehmerregelung handelt es sich um eine steuerliche Ausnahmeregelung, die besonders für Unternehmer geschaffen wurde, die nur einen geringen Umsatz machen oder geringe Kosten haben.

So dürfen deine Umsätze im ersten Jahr 17.500 Euro nicht übersteigen und, falls du schon im 2. Jahr dein Geschäft betreibst, dürfen für dieses laufende Jahr die zu erwartenden Umsätze nicht höher als 50.000 Euro sein. **Wohlgemerkt Umsätze, nicht der Gewinn.**

Die Vorteile der Kleinunternehmerregelung sind:

- Du musst anfangs nur eine sehr vereinfachte Buchführung betreiben.
- Da du bei der Kleinunternehmerregelung keine Mehrwertsteuer berechnest, musst du auch keine Mehrwertsteuervoranmeldung abgeben.
- Da keine Mehrwertsteuer, die normalerweise auf den Verkaufspreis aufgerechnet wird und daher vom Endverbraucher bezahlt werden muss, aufschlägst, kannst du deine Produkte um 19% günstiger verkaufen als der Handel, der plus 19% MwSt. verkauft.

Die Nachteile der Kleinunternehmerregelung sind:

- Du kannst dir bei allen Ausgaben, die mit deiner gewerblichen Tätigkeit verbunden sind, keine Vorsteuer – das ist die Mehrwertsteuer, die andere von dir verlangen – abziehen. Gerade zu Beginn deiner unternehmerischen Karriere können die Kosten für die Geschäftsgründung und den Betrieb höher sein als die Einnahmen, so dass du mehr Mehrwertsteuer vom Finanzamt erstattet bekommen kannst als du selbst durch eigene Verkäufe abführen musst.
- Da du nur 17.500 Euro pro Jahr an Umsatz machen darfst, also nicht mehr als knapp

1500,00 Euro im Monat, beschränkst du dich selbst beim Ausbau deines Unternehmens.

Sehr gute und ausführliche Informationen dazu findest du unter

https://www.junge-gruender.de/kleinunternehmerregelung/

Bücher schreiben ohne Gewerbeschein

Eine Ausnahme kann hier das „Geld verdienen mit eBooks und Taschenbüchern" sein, denn als Autor bist du Künstler und kannst dich somit in besonderen Fällen als Freiberufler anmelden. Doch das ist nicht ganz einfach, denn du musst nachweisen, dass du die fachliche Qualifikation zum Künstlerstatus hast.

Hier empfiehlt es sich, schon ein oder mehrere Bücher geschrieben zu haben, die du auch schon bei Amazon eingestellt hast.

Solltest du jedoch Arbeiten outsourcen, also an andere vergeben, fällt der Freiberuflerstatus zwangsläufig weg.

Wenn du also:

- dein Buch von einem Ghostwriter schreiben lässt,
- dein Cover von einem Designer erstellen lässt,
- dein Buch lektorieren lässt,
- Werbung bei Amazon, Facebook, Instagram oder ähnlichen machst
- usw.

Gewerbeschein

Egal, ob du die Kleinunternehmerregelung nutzen willst oder dich gleich so anmeldest, dass du Vorsteuer abziehen darfst, du musst dir beim Gewerbeamt deiner Stadt oder beim Ordnungsamt deiner Gemeinde einen Gewerbeschein besorgen. Das kostet nur wenige Euro.

Mit dem Gewerbeschein-Antrag meldet deine Stadt oder Gemeinde dich automatisch bei deinem zuständigen Finanzamt und der Industrie- und Handelskammer an.

Finanzamt

Für deine Selbstständigkeit brauchst du eine Steuernummer und eine Umsatzsteuernummer.

Mit deinem Gewerbeantrag wirst du auch gleichzeitig bei deinem zuständigen Finanzamt gemeldet und erhältst so automatisch eine Steuernummer.

Schon nach wenigen Tagen erhältst du einen Erfassungsbogen, in dem du die zu erwartenden Umsätze eintragen musst. Gehe mit diesem Erfassungsbogen zu deinem Steuerberater und fülle ihn mit dem Steuerberater gemeinsam aus.

Willst du das Geld sparen oder du hast es nicht, gehe mit diesem Erfassungsbogen zu deinem Sachbearbeiter im Finanzamt. Die sind freundlicher als du denkst und helfen dir gern.

Solltest du diesen Bogen allein ausfüllen wollen, setze deine Umsatzzahlen realistisch, eher zu niedrig ein.

Ich darf dir hier keine Steuer- und Rechtsberatung erteilen und kann und mache das natürlich auch nicht.

Deshalb beherzige meinen Rat:

Such dir fachlichen Beistand. Auch wenn du, um die Kosten gering zu halten, deine Buchführung erst einmal selbst machen willst oder musst. Gehe mit diesem Erfassungsbogen zu einem Fachmann und zahle die wenigen Euro dafür.

Steuern und Finanzen

Der Staat kassiert, in Form des Finanzamtes, von Anfang an bei dir mit. Dabei warten auf dich eine Anzahl verschiedener Steuern, die du unbedingt im Auge behalten musst.

Umsatzsteuer

Du kennst die Umsatzsteuer bisher wahrscheinlich unter dem Namen Mehrwertsteuer. Wenn du als Gewerbetreibender Mehrwertsteuer einnimmst oder bezahlst, wird daraus die Umsatzsteuer. Auf den Preis jeder verkauften Ware oder Dienstleistung musst du die Umsatzsteuer von derzeit 19 Prozent aufschlagen. Es sei denn, du bedienst dich der Kleinunternehmerregelung. Für Lebensmittel, Bücher und besondere Güter und Dienstleistungen gilt ein ermäßigter Satz von 7 Prozent.

Du wiederum darfst in aller Regel Mehrwertsteuer, die du für den Erwerb deiner Ware vom Hersteller oder Großhändler oder für geschäftlich bedingte Dinge wie Büromaterial, Software, Computer, Werbung usw. ausgegeben hast, als Vorsteuer abziehen. Ausnahme auch hier ist das Kleingewerbe.

Wie das genau geht, erfährst du bei einem Steuerberater.

Die in Rechnung gestellte und von dir vereinnahmte Umsatzsteuer abzüglich der Vorsteuer gehört nicht dir, sondern ist am Anfang meist jeden Monat, später dann je nach Höhe deines Umsatzes weiter monatlich, vierteljährig oder einmal im Jahr an das Finanzamt abzuführen.

Darin liegt eine große Gefahr. Denn nur wenige, nur die schlauen Unternehmer, legen die Mehrwertsteuer-Beträge auf ein eigenes Konto zurück. Meist gehen Sie in den allgemeinen Geschäftskonten unter und fehlen nicht selten, wenn Sie bezahlt werden müssen.

Denn ein hoher Kontostand gaukelt dir hohen Gewinn vor, der dann auch oft entnommen und ausgegeben wird. Wenn Mehrwertsteuerzahlungen von mehreren hundert oder sogar tausend Euro fällig werden, fällt mancher Jungunternehmer aus allen Wolken.

Richte dir deshalb, solange du noch vierteljährig oder nur einmal im Jahr Mehrwertsteuer ans Finanzamt abführen musst, ein separates Konto dafür ein, auf das du monatlich die fälligen Beträge einzahlst.

Das Problem mit der Umsatzsteuer hast du beim Schreiben und Veröffentlichen von Kindle eBooks und Taschenbüchern eigentlich nicht, denn du bekommst in der Regel monatlich einmal Geld ausgezahlt. So lässt sich die Zahllast leicht überblicken.

Einkommensteuer

Verfahre genauso mit der zu erwartenden Einkommensteuer. Denn für jedes Einkommen, dass du erwirtschaftest, musst du Einkommensteuer bezahlen. Egal, ob du noch jung bist oder schon älter und Rentner.

Wenn du in deinem Erfassungsbogen für den Anfang realistischer Weise nur geringe Umsätze und daraus resultierend geringe Gewinne eingetragen hast, wirst du erst einmal keine oder wenig Einkommensteuer vorauszahlen müssen.

Entwickelt sich dein Geschäft jedoch so gut wie ich es dir wünsche, wirst du bald große Gewinne machen, auf die du auch einiges an Einkommensteuer bezahlen musst.

Deine Einkommensteuererklärung wirst du mit deiner Bilanz oder, wenn die Umsätze noch gering sind mit deiner Einnahmen-Überschussrechnung im darauffolgenden Jahr beim Finanzamt einreichen. Oft ist dann eine Einkommensteuernachzahlung fällig, die schnell mehrere tausend Euro betragen kann.

Also auch hier bitte unbedingt Rücklagen

schaffen.

Die Gewerbesteuer

Gewerbesteuer erheben Städte und Gemeinden auf den Ertrag eines Gewerbebetriebs. Die Summe wird mit einem von der jeweiligen Kommune festgelegten, so genannten Hebesatz multipliziert. Daraus ergibt sich nach einer sehr komplizierten Formel die Steuerschuld.

Übrigens: Als Einzelunternehmer musst du Gewerbesteuer erst zahlen, wenn du mehr als derzeit 24.500 Euro im Jahr Gewinn vor Steuern machst.

Das sind derzeit 2041,67 Euro Gewinn pro Monat. Gewinn ist Umsatz abzüglich Kosten. Da sich ein Geschäft lohnen soll, ist dieser Gewinn nicht utopisch und kann durchaus überschritten werden.

Behalte das unbedingt im Auge und schaffe im Bedarfsfall auch hier die entsprechenden Rücklagen.

Beiträge zur Sozialversicherung

Neben den bereits beschriebenen Steuern musst du auf zusätzliches Einkommen auch Beiträge zur

Sozialversicherung wie Krankenkassenbeiträge und Beiträge zur Pflegeversicherung bezahlen.

Schlusswort

So, wir sind jetzt am Ende dieses Buches angelangt und ich hoffe dir alles gezeigt zu haben, was du zum erfolgreichen Schreiben von eBooks, speziell von Kindle eBooks, bei Amazon wissen musst.

Ich habe dir hier Dinge verraten, für die du in speziellen Videokursen viel Geld bezahlen müsstest und ich bin sicher, dass einige Internet-Marketer mich dafür hassen werden.

Trotzdem rate ich dir, ergänzend zu diesem Buch die Kurse der Kindle Ingenieure zu ordern. Denn dort findest du noch einiges mehr an Tipps, die den Rahmen eines Taschenbuchs sprengen würden.

Mir geht es in der Hauptsache darum, dir zu zeigen, wie man sich im Internet ein passives Einkommen schaffen kann, ohne viel Geld dafür auszugeben.

Dieses Buch hier ist das 3. einer Reihe von Büchern, die sich mit dem Thema „Geld verdienen im Internet" befassen. Welche bisher noch erschienen sind, liest du weiter unten.

Wie war die Reise ins Land der eBook Autoren?

Jetzt kommen wir zu einem Teil des Buches, in dem ich dich um einen kleinen Gefallen bitten möchte.

Solltest du es noch nicht wissen, Rezensionen sind ein wichtiger Bestandteil von Produkten auf Amazon. Deshalb schreibt Amazon auch oft Kunden nach einem Kauf an und bittet sie, die gekauften Produkte zu bewerten.

Neue Kunden verlassen sich auf deine Rezensionen, wenn sie ihre Kaufentscheidung treffen.

Und so ist es auch mit meinen Büchern. Deine Rezension hilft meinen Büchern, innerhalb des schon fast überfüllten Amazon-Marktplatzes besser sichtbar zu werden.

Solltest du Gefallen an meinem Buch gefunden haben, wäre ich dir sehr dankbar für deine Bewertung.

Um eine Bewertung zu hinterlassen, gehst du einfach noch einmal zur Produktseite unter https://amzn.to/2R65tJ6 oder gibst auf Amazon den Suchbegriff „eBook schreiben" ein und wählst mein Buch aus.

Wenn du dort ganz herunter scrollst, findest du die Möglichkeit, eine Rezension abzugeben. Bewerte das Buch mit ein paar kurzen Sätzen, das dauert nur wenige Minuten.

Dieses Produkt bewerten

Sagen Sie Ihre Meinung zu diesem Artikel

Kundenrezension verfassen

Schreib einfach, was dir ganz besonders gut gefallen hat und natürlich (konstruktiv), solltest du etwas vermisst haben.

Ich lese wirklich jede Bewertung und jedes Feedback, dass du mir unter michael-kindle@web.de sendest und beantworte deine Fragen so schnell wie möglich.

Das hilft mir dabei, meine Bücher stetig zu verbessern und den persönlichen Kontakt zu meinen Lesern zu intensivieren.

Schon jetzt herzlichen Dank für deine Unterstützung.

Ich wünsche dir viel Spaß und viel Erfolg beim Schreiben oder Schreiben lassen deiner eBooks und Taschenbücher.

Michael Jäckel

In eigener Sache

In der kleinen Serie, die von den Möglichkeiten passives Einkommen im Internet zu erlangen berichtet, sind inzwischen 6 Bücher und ein Sammelband erschienen. Eines hältst du ja in den Händen oder liest es als eBook.

Begonnen hat alles mit dem eBook „Dropshipping von A-Z".

Dropshipping bietet dir die Möglichkeit, einen eigenen Online-Shop zu betreiben, ohne Ware selbst einzukaufen, zu lagern oder zu versenden. Alles das macht dein Dropshipping Großhändler für dich.

Ich betreibe selbst unter https://www.anti-graffiti-shop.de seit 2004 einen Online-Shop auf Dropshipping Basis, in dem ich hochwertige Materialien zur Graffitientfernung und zum Schutz vor Graffiti verkaufe.

Über das „Wie" und „Warum" habe ich mein erstes Buch geschrieben, das inzwischen zu Bestseller geworden ist.

Dieses eBook findest du unter https://amzn.to/2Mx8ZFj im Amazon Kindle Shop für nur 9,90 Euro oder als Taschenbuch für nur 18,90 Euro.

Passives Einkommen ist der Schlüssel zu finanzieller Freiheit, denn um passives Einkommen zu erlangen musst du nicht ständig dafür arbeiten.

In der Regel reicht es, einmal intensiv etwas aufzubauen um dann dauerhaft Geld damit zu verdienen.

Dropshipping bietet dir diese Möglichkeit ebenso wie die Erstellung von Nischenseiten, die das Thema meines 2. Buches „Geld verdienen mit Nischenseiten" ist.

Es basiert auf den Erfahrungen, die ich mit dem Aufbau eines eigenen Nischenseiten-Imperiums gemacht habe, das derzeit aus 25 Nischen-webseiten besteht.

Dieses Buch kannst du ebenfalls im Amazon Kindle Shop als eBook und Taschenbuch für wenig Geld erwerben.

Du findest es unter https://amzn.to/2Npc8bE

In dem Buch „Passives Einkommen mit eigenen eBooks", das du hier in den Händen hältst, beschreibe ich den eigentlichen Vorgang des Buchschreibens nur recht oberflächig, da es dort mehr um das Business als um den schöpferischen Bereich geht.

Um das Buchschreiben im speziellen geht es in meinem Buch „Ein Buch schreiben".

Hier erfährst du genau, wie du herausfindest,

welche Themen deine zukünftigen Leser interessieren und wie du dann Schritt für Schritt ein perfektes Buch darüber schreibst, das es zum Bestseller bringt.

Basis des Schreibens ist meine Frage- und Antwort Technik, mit der du in kurzer Zeit, oft schon nach wenigen Woche, dein fertiges Buch in den Händen hältst.

Dieses Buch findest du ebenfalls bei Amazon unter https://amzn.to/2UpipKK

Alle Bücher über das Geld verdienen im Internet habe ich aus eigenen Erfahrungen geschrieben. Denn ich praktiziere diese Einkommensarten, weil ich mir damit meinen Lebensstandard und vor allem meine Rente verbessern möchte und auch werde.

Und weil ich den Wunsch habe, dass auch du das kannst.

Als Zusammenfassung und Erweiterung der einzelnen Möglichkeiten, passives Einkommen auf einfache Art zu erzielen, habe ich das Buch „Mehr Rente bitte" geschrieben.

Hier werden verschiedene Möglichkeiten vorgestellt, wie man mit Hilfe des Internet zusätzliche Einkommensströme erschaffen kann, die zu Wohlstand und sorgenfreiem Leben führen werden. Gerade im Hinblick auf die Rente, die bekanntlich für die meisten von uns nicht mehr ausreicht, um gut davon leben zu können.

Dieses Buch findest du unter
https://amzn.to/2C5XS65

Auf besonderen Wunsch vieler Leser, die ebenso

wie ich eingesehen haben, dass es auch im Internet besser ist, mehrere Verdienstquellen zu haben, habe ich meine ersten 3 Bücher über das Dropshipping, das Betreiben von Nischenseiten und das Schreiben von eBooks und Taschenbüchern zu einem besonders günstigen Sammelband zusammen gefasst.

Diese Sammlung kostet als eBook deutlich weniger, als wenn du sie einzeln kaufen würdest.

Hier der Link: https://amzn.to/3MzMjEf

Meine eBooks und Taschenbücher werden so preiswert angeboten, dass sie sich wirklich jeder leisten kann. Denn das ist mir wichtig. Nicht jeder hat das Geld, sich einen Online Kurs für viele hundert Euro zu kaufen und ganz ehrlich, in diesen Kursen wird oft deutlich weniger Wissen vermittelt als in meinen Büchern.

Auf Meiner Autorenseite findest du noch viele weitere Bücher von mir und es kommen immer neue dazu. Denn ich schreibe gern!

Anhang

Weitere Informationen von KDP findest du hier:

KDP Jumpstart:
https://kdp.amazon.com/de_DE/help/topic/G202187740

KDP-University:
https://kdp.amazon.com/en_US/help/topic/G200783400

eBook Formatierung:
https://kdp.amazon.com/de_DE/help/topic/G200645680

Veröffentlichung deines eBooks:
https://kdp.amazon.com/de_DE/help/topic/G200635650

Näheres zu den Buchdetails:
https://kdp.amazon.com/de_DE/help/topic/G200644080

Preise festlegen:
https://kdp.amazon.com/de_DE/help/topic/G200641280

KDP Select:
https://kdp.amazon.com/de_DE/help/topic/G200798990

So bekommst du dein Geld:
https://kdp.amazon.com/de_DE/help/topic/G200641050

Impressum uns Haftungsausschluss

© Autor Michael Jäckel

3. Auflage 2022

ISBN: 9781089444558

Alle Rechte vorbehalten.

Nachdruck, auch auszugsweise, verboten.

Kein Teil dieses Werkes darf ohne schriftlich Genehmigung des Autors in irgendeiner Form reproduziert, vervielfältigt oder verbreitet werden. Kontakt: Michael Jäckel/ Naumburger Straße 10 / 31177 Harsum
Covergestaltung: Autor Michael Jäckel

Haftungsausschluss

Die Wiedergabe von Gebrauchsnamen, Handelsnamen, Warenbezeichnungen usw. in diesem Werk berechtigt auch ohne besondere Kennzeichnung nicht zu der Annahme, dass solche Namen im Sinne der Warenzeichen- und Markenschutz-Gesetzgebung als frei zu betrachten wären und daher von jedermann benutzt werden dürfen.

Der Autor übernimmt keinerlei Gewähr für die Aktualität, Korrektheit, Vollständigkeit oder Qualität der bereitgestellten Informationen und weiteren Informationen.

Haftungsansprüche gegen den Autor, welche sich auf Schäden materieller oder ideeller Art beziehen, die durch die Nutzung oder Nichtnutzung der dargebotenen Informationen bzw. durch die Nutzung fehlerhafter und unvollständiger Informationen verursacht wurden, sind grundsätzlich ausgeschlossen.

Dropshipping von A-Z – erfolgreich online verkaufen ohne Ware selbst einzukaufen, zu lagern oder zu versenden

Unser Angebot enthält Links zu externen Webseiten Dritter, auf deren Inhalte wir keinen Einfluss haben. Deshalb können wir für diese fremden Inhalte auch keine Gewähr übernehmen. Für die Inhalte der verlinkten Seiten ist stets der jeweilige Anbieter oder Betreiber der Seiten verantwortlich.

Die verlinkten Seiten wurden zum Zeitpunkt der Verlinkung auf mögliche Rechtsverstöße überprüft. Rechtswidrige Inhalte waren zum Zeitpunkt der Verlinkung nicht erkennbar.

Eine permanente inhaltliche Kontrolle der verlinkten Seiten ist jedoch ohne konkrete Anhaltspunkte einer Rechtsverletzung nicht zumutbar. Bei Bekanntwerden von Rechtsverletzungen werden wir derartige Links umgehend entfernen.

Printed in Poland
by Amazon Fulfillment
Poland Sp. z o.o., Wrocław

25087830R00192